CHANSONS

CHOISIES

DES ANCIENS AUTEURS

PIRON

LATTEIGNANT DÉSAUGIERS

PANARD, DUFRESNY

COLLÉ, GALLET, DE PIIS, ETC.

> La chanson déride les fronts, avive l'espérance endort la douleur et fait naître la joie.

PARIS
LIBRAIRIE DES VILLES ET CAMPAGNES
18, RUE SOUFFLOT, 18

CHANSONS

CHOISIES

J'aimerais mieux garder cent moutons près d'un pré,
Qu'une jeune fillette dont le cœur a parlé.

CHANSONS
CHOISIES
DES ANCIENS AUTEURS

PARIS
LIBRAIRIE DES VILLES ET CAMPAGNES
18, RUE SOUFFLOT, 18

CHANSONS

CHOISIES

LES

MISERES DE L'AMOUR.

Que l'homme est sot et ridicule,
Quand l'amour vient s'en emparer !
D'abord il craint, il dissimule,
Ne fait longtemps que soupirer.

S'il ose enfin se déclarer,
On s'irrite, on fait l'inhumaine :
N'importe, il veut persévérer ;
Que de soins, d'ennuis et de peine !

ON L'AIME : tant pis ! double chaîne.
Mille embarras dans son bonheur.
Contre-temps, humeur incertaine,
Père, mère, époux, tout fait peur.

Est-ce tout? Non : reste l'honneur ;
L'honneur, du plaisir l'antipode.
On veut le vaincre, il est vainqueur
On se brouille, on se raccommode.

Vient un rival : autre incommode.
Loin des yeux le sommeil s'enfuit :
Jaloux, on veille, on tourne, on rôde ;
Ce n'est qu'alarmes jour et nuit.

Après bien des mots et du bruit,
Un baiser finit l'aventure :
Le feu s'éteint, le dégoût suit :
Le pré valait-il la fauchure ?

PIRON.

LE RÉVEIL-MATIN.

Une femme fait peste et rage ;
Un mari maudit son destin ;
Pourquoi tout ce mauvais ménage ?
C'est faute d'un réveil-matin.

Des créanciers à notre porte
Nous font lever avec chagrin :
Mais de l'argent qu'on nous apporte ;
Oh ! c'est un bon réveil-matin.

Défiez-vous de l'hyménée ;
L'époux débute en vrai lutin :
Mais dès la seconde journée
Il lui faut un réveil-matin.

Entre amants, c'est une autre affaire ;
Mais aussi l'Amour est bien fin :
A chaque horloge de Cythère
Il mit un bon réveil-matin.

Un amant discret et sincère
De Lise comble le destin :
Et c'est à l'ombre du mystère
Qu'il lui sert de réveil-matin.

Tel ouvrage voit la lumière,
Et croit effacer le *Lutrin*,
Qui servirait de somnifère
Bien mieux que de reveil-matin.

Dès l'aube du jour je m'éveille
Au bruit du cabaret voisin.
On sonne un tocsin de bouteilles:
L'agréable réveil-matin.

PIRON.

Madame ..... à M. L. D.....

V'LA-T-IL PAS QUE JE L'AIME!

AIR : *Jean, faut-il tout vous dire?*

Moi qui croyais jusqu'à ce jour,
En prononçant le mot d'amour,
   Prononcer un blasphème :
Je ne reconnais plus mon cœur,
Ce mot qui m'avait fait tant peur.
   V'là-t-il pas que je l'aime !

J'aurais refusé mille fois
Mon cœur à qui m'aurait, je crois,
   Offert le diadème ;

Daphnis ne m'offre qu'un bouquet
De lavande et de serpolet :
   V'là-t-il pas que je l'aime !

On me disait que ce berger,
Pour nous plaire et nous engager,
   A plus d'un stratagème.
Je jurais encore aujourd'hui
D'être aveugle et sourde pour lui.
   V'là-t-il pas que je l'aime !

Je suis de celles qu'il aima,
Comme de celles qu'il charma,
   Peut-être la centième.
Fuyons ce dangereux garçon ;
Fuyons-le ! c'est bien dit : mais bon !
   V'là-t-il pas que je l'aime !

Ah ! qu'il fait bien tout ce qu'il fait !
Surtout, du jeu du flageolet
   Il a le don suprême.
C'est un beau don que ce don-là,
Mais, qu'avais-je à faire à cela ?
   V'là-t-il pas que je l'aime !

CHANSONS.

Partout on vantait son savoir,
Tant qu'à la fin j'ai voulu voir
  Les choses par moi-même.
Je ne pretendais que l'ouïr
Et qu'un instant m'en réjouir.
  V'là-t-il pas que je l'aime!

Je l'accompagnais tout au mieux,
Fredonnant à l'envi tous deux
  D'une justesse extrême.
Le duo charmant achevé,
Hélas! qu'en est-il arrivé?
  V'là-t-il pas que je l'aime!

En chantant, je n'eus pour objet
Que reconnaissance et respect;
  Tel était mon système.
J'en avais prévenu PIRON;
Mais, tant folle soit sa chanson,
  V'là-t-il pas que je l'aime!
PIRON.

BOUTADE A MA MAITRESSE.

Air : *Au bord d'un clair ruisseau.*

Vénus a moins d'attraits
Que celle qui m'enchante ;
Le printemps est moins frais,
L'aurore moins brillante.
Que sa chaîne est charmante !
Mais comment l'engager ?
L'onde est moins inconstante,
Et le vent moins léger.

L'amant le plus parfait
N'a point de privilége :
Qu'il soit jeune et bien fait,
Que sans cesse il l'assiége,
Mérite ni manége
N'ont pu la réformer !
Comment la fixerai-je,
Moi qui ne sais qu'aimer ?

CHANSONS.

N'importe, mon amour
Va l'attendre au passage,
Et, si du sien un jour
J'obtiens le moindre gage,
D'un siècle d'esclavage
J'aurai reçu ce prix,
Et c'est sur la volage
Toujours autant de pris.

PIRON.

LE MIROIR.

Miroir officieux, je doi
  T'aimer toute ma vie :
Je possède, grâce à toi,
  La charmante Silvia :
Et je te regarde en ce jour
  Comme un dieu tutélaire
Qui fait pour moi plus que l'amour
  N'aurait jamais pu faire.

Miroir plus peintre que Latour,
  Plus prompt et plus sincère,

Et vous, mes trumeaux, tour à tour
   Répétez ma bergère :
Croyez que jamais vous n'aurez
   De plus parfait modèle,
Et que plus vous l'embellirez,
   Plus vous serez fidèle.

Glace, ne faites votre effet
   Qu'en faveur de ma belle ;
Obscure pour tout autre objet,
   Ne représentez qu'elle.
Par le même art, en ma faveur
   Et contre votre usage,
Puissiez-vous, ainsi que mon cœur,
   Conserver son image.
PIRON.

ADIEU A L'AMOUR.

Amour, adieu pour la dernière fois !
Que Bacchus avec toi partage la victoire !
La moitié de ma vie a coulé sous tes lois
   J'en passerai le reste à boire.

Tu voudrais m'arrêter en vain,
Nargue d'Iris et de ses charmes !
Ton funeste flambeau s'est éteint dans mes larmes ;
Que celui de mes jours s'éteigne dans le vin !

PIRON.

VAUDEVILLE.

Air : *Eh ! pourquoi, quoi, quoi ?*

Fuyons le triste breuvage
Dont les poissons font usage ;
Des dieux ce fatal fléau
N'est que pour les niguedouilles.
Eh ! pourquoi donc boire de l'eau ?
Sommes-nous des grenouilles ?
Eh ! pourquoi, quoi, quoi, quoi, boire de l'eau ?
Eh ! pourquoi, quoi, quoi, quoi, boire de l'eau ?
Sommes-nous des grenouilles ?

Aimable jus de l'automne,
Je renais quand je t'entonne ;

Va réjouir mon cerveau.
Grands dieux! que tu me chatouilles!
    Eh! pourquoi donc, etc.

Heureux qui chante ta gloire!
Plus heureux qui te sait boire
Un plaisir toujours nouveau
Charme les cœurs que tu mouilles.
    Eh! pourquoi donc, etc.

Le bon vin nous ravigote;
Mais pour toi, pauvre hydropote,
Toujours plus noir qu'un corbeau,
Dans les ombres tu t'embrouilles.
    Eh! pourquoi donc, etc.

Bacchus nous rend la voix belle;
Mais pour toi, liqueur cruelle,
Eût-on le son le plus beau,
Tu le gâtes, tu l'enrouilles.
    Eh! pourquoi donc, etc.

C'est la bachique ambroisie
Qui nous donne la saillie;
Fade boisson du crapeau,

C'est toi qui nous en dépouilles.
    Eh! pourquoi donc, etc.

Breuvage ignoble et funeste,
La vérité te déteste;
Jamais son divin flambeau
N'éclaire ceux que tu souilles.
    Eh! pourquoi donc, etc.

Dieu des mers, ton vaste empire
N'a point d'attraits que j'admire;
J'aime mieux un noir caveau,
Que le trône où tu patrouilles.
    Eh! pourquoi donc, etc.

Si le vin ne m'accompagne
Lorsque je vais en campagne,
J'estime peu, clair ruisseau,
Les beaux lieux où tu gazouilles.
    Eh! pourquoi donc, etc.

L'eau n'est bonne, sur la terre,
Que pour les fleurs d'un parterre;
Pour le chou, pour le poireau,

Les melons et les citrouilles.
　　Eh ! pourquoi donc, etc.

Fâcheux preneur de tisane,
Médecin, tu n'es qu'un âne ;
Tu mérites bien, bourreau,
Qu'ici l'on te chante pouilles.
Eh ! pourquoi donc boire de l'eau ?
　　Sommes-nous des grenouilles ?
Eh ! pourquoi, quoi, quoi, quoi, boire de l'eau ?
Eh ! pourquoi, quoi, quoi, quoi, boire de l'eau ?
　　Sommes-nous des grenouilles ?
　　　　　　　　　　　PANARD.

VAUDEVILLE.

Air : *C'est la chose impossible.*

A jeun, je suis lourd et pesant,
Mon cœur succombe à la tristesse ;
Je suis fâcheux et déplaisant
Auprès de ma jeune maîtresse :

Mais je deviens, par ce jus-là,
   Tout de feu chez Javote;
Et ça, ça, ça, ça, ça, ça, ça, ça,
   Et ça me ravigote.

Que mon destin soit malheureux,
Qu'à pied tous les jours je me crotte;
Que ma Philis trompe mes vœux,
Qu'un rival heureux me dégote,
Je ris quand je bois de cela;
   Mon humeur est falote;
     Et ça, ça, etc.

Quand il me faut chanter à jeun,
Je ne sais pas la moindre note;
Jusque dans l'air le plus commun,
Ma faible voix toujours tremblote;
Mais je vaux tout un opéra,
   En sifflant la linotte;
     Et ça, ça, etc.

Lorsque l'hiver à nos climats
Fait sentir toute la froidure,
J'oppose aux rigoureux frimas
Le feu de cette liqueur pure;

Pour me tenir chaud, ce jus-là
 Vaut mieux que redingote;
  Et ça, ça, etc.

Quand par une sombre vapeur
Je sens ma tête appesantie;
Quand le mal attaque mon cœur,
Quand mon âme est en léthargie,
Cinq ou six coups de ce jus-là
 Me servent d'antidote;
Et ça, ça, ça, ça, ça, ça, ça, ça,
 Et ça me ravigote.

PANARD.

LE BÉGAYEUR.

VAUDEVILLE.

Pour nous mettre en train,
 Trin, trin, trin, trin,
 Trinquons, cher Grégoire;
 Avec le bon vin,
  Vain, vain, vain, vain,

Vainquons l'humeur noire.
La phi, phi, phi, phi, losophie
Permet de boire aujourd'hui :
Ce bon jus, jus, jus, justifie
L'amour que l'on a pour lui.

Lorsque ta catin,
Tin, tin, tin, tin,
Tin, tin, t'inquiète,
Va vite, mon cher,
Cher, cher, cher, cher,
Chercher ma recette.
Pour ton bobo Beaune a des charmes
Qui font trembler Cupidon :
Ce tyran, rend, rend, rend les armes,
Quand on boit du bourguignon.

Buvons de ce jus,
Jus, jus, jus, jus,
Jusqu'à la nuit close ;
Puisqu'il est si doux,
Dou, dou, dou, dou,
Doublons en la dose.
Son goût exquis, qui, qui pénètre
Jusqu'au fond de notre cœur,

Au dessert, sert, sert, sert à mettre
Notre esprit en belle humeur.

  Si tu veux, mari,
    Ri, ri, ri, ri,
   Ri, rire à ton aise,
  Deviens indulgent,
    Gen, gen, gen, gen,
   Gentil comme Blaise.
Blaise, lui, n'a point d'humeur noire,
  De là vient qu'il a l'honneur
D'être cou, cou, couvert de gloire,
  Par les bienfaits du Seigneur.

  Nous avons du bon,
    Bon, bon, bon, bon,
   Tout plein nos futailles :
  De quelque poinçon,
    Son, son, son, son,
   Sondons leurs entrailles.
Bois tortu, tu, tu, tu me flattes :
  Que de plaisirs je te dois !
Les so, so, so, so, les Socrates
  En ont-ils autant que moi ?

PANARD.

CHANSON.

AIR : *A l'ombre de vert bocage.*

Philis est petite, mignonne ;
C'est ce qui m'invite à l'aimer :
Jamais une grande personne
Ne saura si bien m'enflammer.
Le bon goût, qu'il faut toujours croire,
Me recommande, chaque jour,
La grande mesure pour boire,
Et la petite pour l'amour.

Une dame grande est altière,
Pleine d'orgueil et de hauteur ;
Elle regarde, d'ordinaire,
Chacun du haut de sa grandeur.
Pour nous épargner ce déboire,
Chers amis, prenez, tour à tour,
La grande mesure pour boire,
Et la petite pour l'amour.

Une gigantesque figure
N'est point du tout ce qu'il me faut,

Je suis de moyenne stature,
Et ne puis atteindre bien haut.
Par ce motif, il est notoire
Que je dois prendre, tour à tour,
La grande mesure pour boire,
Et la petite pour l'amour.

Souvent, dans la tendre carrière,
L'on voit broncher un corps trop grand :
La taille petite et légère
Fait le chemin en se jouant.
Daignez donc à la fin m'en croire,
Et que chacun prenne, à son tour,
La grande mesure pour boire,
Et la petite pour l'amour.

Bien loin d'écouter l'inconstance,
Tant que sur terre on me verra,
Je penserai comme je pense ;
Jamais mon goût ne changera.
J'aurai toujours dans la mémoire
Ce que je conseille en ce jour :
La grande mesure pour boire,
Et la petite pour l'amour.

PANARD.

CHANSON.

Air : *La jeune Isabelle.*

Bacchus, cher Grégoire,
Nobis imperat.
Chantons tous sa gloire,
Et quisque bibat.
Hâtons-nous de faire
Quod desiderat.
Il aime un bon frère
Qui sœpe libat.

Ce coup-là m'apaise,
Et me reficit :
Mais, ne vous déplaise,
Hoc non sufficit :
Puisque l'abondance
Hic ridet nobis,
Que l'on recommence :
Faciamus bis.

Ce verre deuxième
Nondum est satis,
Et, sans un troisième,
Redibit sitis.
C'est toi que j'implore,
Care mi frater :
Verse, verse encore,
Ut bibamus ter.

Quand je suis à table,
Cum fratre bono;
Qu'avec dame aimable
Lœte propino,
Et qu'où tout abonde
Regnat libertas,
Il n'est point au monde
Major voluptas.

Dans ce doux asile,
Diu potemus.
L'aimable et l'utile
Sunt quod habemus.
Trouver mieux à boire,
Quam ubi sumus,

C'est ce que, Grégoire
Nunquam possumus.

Ami, pour me rendre
Plene contentum,
Tes mains ont su prendre
Nectar selectum.
Vive un homme aimable,
Cujus cor rectum,
Nous fournit, à table,
Vinum non mixtum.

D'un jus homicide
Fabricatores,
Que la mort vous guide
Jam nunc ad patres.
Que votre séquelle
Procul abeat,
Et plaise aux Dieux qu'elle
Nunquam redeat.

A tout honnête homme
Places ut mihi:
Partout on te nomme
Patrem gaudii.

Le souci respecte
Tuam virtutem;
Ta douceur délecte
Corpus et mentem.

Grands Dieux! quel bien-être
Quænam fortuna,
D'être avec tel maître,
Tali dominá!
Que, par nous, leur gloire
Crescat ubique.
Hâtons-nous de boire,
Fratres, utrique.

O toi que la Seine
Ad nos perduxit,
Toi par qui Silène
Sæpe revixit;
Viens dans ma poitrine,
Burgunde liquor;
Toute humeur chagrine
Linquet meum cor.

Ta charmante chaîne,
Amicitia,

Ici nous amène,
Cum lætitia.
Sois toute la vie
Nostrum solamen.
Au nœud qui nous lie
Faveas. Amen.

PANARD.

CHANSON.

AIR : *Prends, ma Philis, prends ton verre.*

Ah ! que j'aime cet asile !
L'on n'y voit point de micmac,
Et la sagesse en exile
Tous gens de gnic et de gnac.
S'il venait quelque viédase,
Qui voulût avec emphase
Parler *ab hoc et ab hac,*
Bientôt loin de cette case
Nous l'enverrions à Jarnac,

Avec de l'eau dans un vase,
Et ses quilles dans un sac.

Chers amis, voulez-vous vivre
Autant que Melchisedec ?
Dépêchez-vous de me suivre,
Et comme moi buvez sec.
Sans le bachique breuvage
Vous verriez mon gros corsage
Plus maigre qu'un hareng pec ;
Bientôt mon humeur gaillarde
Souffrirait un rude échec,
Et dans huit jours la camarde
Me viendrait clore le bec.

D'amitié, je te conjure,
Formons tous deux un picnic ;
La mienne, je te le jure,
Tiendra comme du mastic.
Rien ne pourra m'en distraire :
Tant que je serai sur terre,
Tu régneras toujours *hic*.
Oui, dans l'instant, pour te plaire,
Je partirais pour Dantzic,

Sans redouter la colère
De George et de Frédéric.

Prenons chacun notre verre,
Trinquons en faisant tic, toc.
De ce nectar salutaire
Remplissons bien notre estoc.
Si la raison, trop sévère,
Dans l'ardeur de sa colère,
Vient nous livrer quelque choc;
Pour punir cette mégère,
Sur son dos cassons un broc,
Et pendons-la, mon cher frère,
Pendons-la bien vite au croc.

Moquons-nous, chers camarades,
Des vains confrères d'Astruc;
Ce sont de bonnes rasades
Qui forment le meilleur suc.
Tous ceux qui, dans leur manie,
Condamnent cette ambroisie,
Sont des oiseaux de saint Luc;
Bois donc rasade complète,
Réjouis-toi comme un duc;

Pour le vin ta bouche est faite,
N'en fais point un aqueduc.

Que notre ardeur se réveille
Pour le maître de ces lieux;
C'est en vidant la bouteille
Que l'on contente ses vœux.
Si la liqueur aquatique
Flatte quelqu'esprit caustique,
Qu'il s'en aille à Montfaucon.
Pour moi, toujours je persiste
Dans mon amour pour le bon;
Et pour fêter Jean-Baptiste,
Je deviendrai Jean le Rond.

PANARD.

QUELQUE CHOSE DE NOUVEAU.

Je voudrais, mes amis, vous donner du nouveau;
    Mais, hélas! j'ai beau faire:
Mon zèle sur ce point ne peut vous satisfaire.
    Et c'est en vain que j'use mon cerveau.
N'a-t-on pas épuisé le ciel, la terre et l'onde?

Les ruisseaux,
Les échos,
Les oiseaux,
Les ormeaux,
Les troupeaux,
Les hameaux,
Pipeaux
Et chalumeaux?
Les airs,
Les éclairs,
Le tonnerre qui gronde,
Sont aussi vieux que le monde.
Les triomphez,
Régnez,
Brillez,
Courez,
Volez,
Lancez,
Tremblez;
Douceurs,
Langueurs,
Regrets,
Secrets,
Appas,
Trépas.

Les doux hélas !
  Gloire,
  Victoire,
  Grégoire,
  Humeur noire,
Sont rebattus plus qu'on ne saurait croire.
Ah! puisque sous les cieux il n'est rien de nouveau
Parlons, amis, de chanter et de boire :
Nous ne pouvons rien trouver de plus beau.
  Boire et chanter ont des attraits
  Dont on ne se lasse jamais.

PANARD.

MAXIMES DE SILÈNE.

AIR : *Chantez, dansez, amusez-vous.*

Malgré les maux et les tourments
Que dans la vieillesse on éprouve,
Elle a de certains agréments,
Et voici comme je le prouve :
De vieux amis et du vin vieux
Sont les plus doux présents des cieux.

Mon printemps est bien loin de moi,
Et déjà mon été s'envole;
En faut-il pleurer ? Non, ma foi;
Par ce refrain je me console :
    De vieux amis, etc.

Contre le temps prompt à passer
C'est mal à propos que l'on boude;
Quand la tête vient à baisser,
Pour boire on hausse mieux le coude.
    De vieux amis, etc.

Mes chers amis, jusqu'au moment
Où nos yeux ne verront plus goutte,
Verre en main voyons-nous souvent,
Et buvons la petite goutte.
    De vieux amis, etc.

Que des dieux l'auguste pouvoir,
Jusqu'à la fin de ma carrière,
Me conserve un œil pour vous voir,
Une main pour porter mon verre.
De vieux amis et du vin vieux
Sont les plus doux présents des cieux.
                    PANARD.

LE PRIX DU MOMENT.
1782.

Air . *Tout est dit.*

Tant qu'un jeune galant désire,
A la beauté qui le ravit
Il a mille choses à dire,
Son discours jamais ne finit :
Mais dès qu'il a signé certaine clause,
Des jolis mots la source se tarit ;
   Sa bouche est close,
     Tout est dit.

Quand votre fille devient grande,
Mère, ne la quittez jamais ;
C'est un soin que je recommande
Contre mes propres intérêts.
Craignez qu'Amour près d'elle ne s'arrête ;
Jamais ce dieu n'est long dans son récit.
   Tournez la tête,
     Tout est dit.

Filles qui craignez le dommage
Que les amants peuvent causer,
Résistez au premier langage
Dont ils veulent vous amuser.
Si vous tardez, votre péril redouble ;
De son flambeau l'Amour vous éblouit :
Quand l'œil est trouble,
Tout est dit.

PANARD.

LES VENDANGES DE LA FOLIE.

1747.

Chantons le dieu de la vendange,
Que sous ses lois l'amant se range,
Puisque le plus souvent Vénus
Doit ses conquêtes à Bacchus.
On rend la vie aimable,
En passant tour à tour
Des plaisirs de la table
Aux plaisirs de l'amour.

Un peu de vin rend plus jolie,
Le vin donne de la saillie,
Le vin fait dire de bons mots
Et tenir de galants propos.
    On rend la vie, etc.

Le vin rend l'amant intrépide,
Il rend l'amante moins timide,
A l'un il fait tout hasarder,
A l'autre il fait tout accorder.
    On rend la vie, etc.

Entre deux ou quatre convives,
Le vin rend les scènes plus vives;
Un petit souper libertin
Vaut cent fois mieux qu'un grand festin.
    On rend la vie, etc.

Le vin dans le sommeil vous plonge,
Ce sommeil vous fait naître un songe
Qui vous revient pendant le jour,
Et qui fait naître enfin l'amour.
    On rend la vie aimable,
    En passant tour à tour
    Des plaisirs de la table
    Aux plaisirs de l'amour.

COLLÉ.

BRANLE A DANSER.

ᴀɪʀ : *V'la c'que c'est que d'aller au bois.*

L'autre jour Blaise m'embrassa,
Ah! pass' pour ça, ah! pass' pour ça.
Mais après cette gaîté-là,
   Voyant maître Blaise
   Se mettre à son aise
Je lui dis : Compère, halte là ;
Oh! fort peu d'ça, oh! fort peu d'ça !

Je lui dis : Compère, halte-là !
Oh! fort peu d'ça, oh! fort peu d'ça !
Mais à peine eus-je dit cela,
   Que Blaise me bouche
   D'un baiser la bouche.
Je trouvai plaisant ce tour-là ;
Oh! pass' pour ça, oh! pass' pour ça.

Je trouvai plaisant ce tour-là,
Oh! pass' pour ça, oh! pass' pour ça !

Mais à mes pieds il se jeta,
   Et fait des demandes
   De faveurs plus grandes ;
Vous jugez comme on l'ecouta.
Oh ! fort peu d'ça, oh ! fort peu d'ça.

Vous jugez comme on l'écouta,
Oh ! fort peu d'ça, oh ! fort peu d'ça !
Mais par un hasard ce jour-là
   Ayant une entorse,
   Il me prit par force,
Malgré moi qui voulais bien ça !
Ah ! pass' pour ça, ah ! pass' pour ça

Malgré moi qui voulais bien ça.
Ah ! pass' pour ça, ah ! pass' pour ça !
Et tout d'un coup s'arrêta-là.
   Oh ! Blaise est tout comme,
   Tout comme un autre homme,
Et je vois qu'il me donnera
Oh ! fort peu d'ça, oh ! fort peu d'ça.

Et je vois qu'il me donnera,
Oh ! fort peu d'ça, oh ! fort peu d'ça.

Il faut joindre à cet amant-là
Lucas,
Et Jerôme,
Colas,
Et Guillaume,
Bastien,
Julien
Et cœtera.
Oh! pass' pour ça! oh! pass' pour ça!
COLLÉ.

COMPLAINTE

D'UNE FEMME A SENTIMENTS.

AIR : *De mon berger volage.*

Dans le siècle où nous sommes,
Qu'on s'aime faiblement!
L'on ne peut chez les hommes
Trouver de sentiment,
Tircis n'est point volage,
Mais son cœur est usé :

CHANSONS.

Se peut-il qu'à son âge
Un cœur soit épuisé?

Tu jures que tu m'aimes;
Mais c'est si froidement!
Tircis, tes serments mêmes
Redoublent mon tourment!
Laisse le vain langage
Des serments superflus;
Aime-moi davantage
Et ne le jure plus.

Quels destins sont les nôtres!
Pourquoi suis-tu mes pas?
Tu n'en aimes point d'autres,
Mais tu ne m'aimes pas!
Quand ton cœur léthargique
N'est plus sensible à rien,
Ingrat, ce qui me pique,
C'est que je sens le mien.

Comment! rien ne ranime
Tes désirs languissans!.....
(Ce n'est pas que j'estime
Les vains plaisirs des *sens*)

Mais que ton cœur s'enflamme
Du moins par mes transports!.....
Eh quoi! même ton *âme*
A perdu ses ressorts?

Collé.

LES BOSSUS.

Depuis longtemps je me suis aperçu
De l'agrément qu'il y a d'être bossu.
Polichinelle, en tous lieux si connu,
Toujours chéri, partout si bien venu,
Qu'en eût-on dit, s'il n'eût été bossu?

Loin qu'une bosse soit un embarras,
De ce paquet on fait un fort grand cas :
Quand un bossu l'est derrière et devant,
Son estomac est à l'abri du vent,
Et ses épaules sont plus chaudement.

On trouve ici des gens assez mal nés
Pour s'aviser d'aller leur rire au nez.

Ils l'ont toujours aussi long que le bec
De cet oiseau que l'on trouve à Québec.
C'est pour cela qu'on leur doit du respect.

Tous les bossus ont ordinairement
Le ton comique et beaucoup d'agrément;
Quand un bossu se montre de côté
Il règne en lui certaine majesté,
Qu'on ne peut voir sans en être enchanté.

Si j'avais eu les trésors de Crésus,
J'aurais rempli mon palais de bossus;
On aurait vu près de moi, nuit et jour,
Tous les bossus s'empresser tour à tour
De montrer leur éminence à ma cour.

Dans mes jardins, sur un beau piédestal,
J'aurais fait mettre un Ésope en métal.
Et, par mon ordre, un de mes substituts
Aurait gravé, près de ses attributs :
« Vive la bosse et vivent les bossus! »

Concluons donc, pour aller jusqu'au bout,
Qu'avec la bosse on peut passer partout.

Qu'un homme soit ou fantasque ou bourru,
Qu'il soit chassieux, malpropre, mal vêtu,
Il est charmant pourvu qu'il soit bossu.

Santeuil.

LE PÉCHÉ DE PARESSE.
1780.

Air : *A confesse m'en suis allé au curé de Pompone.*

Tant que l'homme désirera
   Plaisirs, honneurs, richesse,
Pour les avoir il emploîra
   Courage, esprit, adresse ;
Tout le relèvera
   Larira,
Du péché de paresse.

Une indolente qui n'aura
  Rien vu qui l'intéresse,
Quand son moment d'aimer viendra,
  Le dieu de la tendresse
  Vous la relèvera, etc.

Un jeune époux qui ne dira
  Qu'un mot de politesse,
Un amant plus poli viendra,
  Qui parlera sans cesse,
  Et le relèvera, etc.

Une veuve qui comblera
  D'un amant la tendresse,
Et qui se tranquillisera
  Dans ces moments d'ivresse,
  On la relèvera
    Larira,
Du péché de paresse.

COLIÉ.

LES BIZARRERIES DE L'AMOUR.

VAUDEVILLE.

Air : *C'est un enfant, c'est un enfant,*
du vaudeville du Devin du village.

L'Amour, suivant sa fantaisie,
Ordonne et dispose de nous ;
Ce dieu permet la jalousie,
Et ce dieu punit les jaloux.
 Ah ! pour l'ordinaire,
 L'Amour ne sait guère
Ce qu'il permet, ce qu'il défend,
C'est un enfant, c'est un enfant.

L'Amour ordonne que, pour plaire,
L'on soit sensible et délicat ;
Il fait réussir au contraire,
En étant insensible et fat.
 Ah ! pour l'ordinaire, etc.

Un jour ce dieu veut qu'on soit tendre,
Et donne tout au sentiment.
Un autre jour il fait entendre
Que c'est s'y prendre gauchement,
   Ah ! pour l'ordinaire, etc.

L'Amour veut de la résistanse,
Pour nous rendre plus amoureux;
Et quelquefois ce dieu dispense
De résister un jour ou deux.
   Ah ! pour l'ordinaire, etc.

C'est un petit dieu sans cervelle;
L'on ne sait comment il l'entend;
Il ordonne d'être fidèle,
Mais il permet d'être inconstant.
   Ah ! pour l'ordinaire, etc.

L'Amour veut que l'on soit modeste;
Il permet d'être avantageux.
Souvent il s'offense d'un geste;
Un geste souvent rend heureux !
   Ah! pour l'ordinaire, etc.

COLLÉ.

COUPLETS DU JALOUX CORRIGÉ.

OPÉRA BOUFFON.

C'est un abus qui restera ;
L'on a passé l'amant aux femmes ;
Pauvre époux, en vain tu déclames ;
   On te sifflera,
   On te sif-fle, fle, fle,
   On te sifflera,
   Fle, on te sifflera.
Mais si tu restes bouche close
Comme un galant homme fera,
Et que tu prennes bien la chose,
   On te cla, cla, cla,
   On te claquera,
     Clac,
   On te claquera,
     Clac,
   On te claquera.

Tant que le bon ton durera,
A Paris, sans aucun scrupule,

Pour le plus mince ridicule
    On vous sifflera ;
Mais du siècle suivant les traces,
Ayez, autant qu'il vous plaira,
De vices cachés sous des grâces,
    On vous claquera.

Un amant qui ne connaîtra
De plaisir et de bien suprême
Qu'à rendre heureux l'objet qu'il aime,
    On le sifflera ;
Mais un homme à bonne fortune
Qui, par fatuité, prendra
Vingt femmes, sans en aimer une,
    On le claquera.

COLLÉ.

LA PETITE OBSTINÉE.

AIR : *Cela m'est bien dur.*

Je ne serais pas la plus sotte,
    Dit Jeanne, la fille à Thomas ;

Quand Nicolas frappe à ma porte,
Je n'ouvre point à Nicolas.
Je fais toujours à sa tendre semonce
    La même réponse :
Nicolas, vous perdez vos pas,
    Vous n'entrerez pas.

Jeudi, la petite éveillée
Ayant manqué de s'enfermer,
Laissa la porte entre-bâillée,
Et Nicolas vient pour l'aimer.
Elle, oubliant que sa porte est ouverte,
    Elle lui dit, certe :
Nicolas, vous n'entrerez pas,
    Vous perdez vos pas.

Pour soutenir sa negative,
Jeanne proposait des paris ;
Et la dispute était si vive,
Qu'à Jeanne il échappait des cris ;
Toujours, toujours, son esprit de chicane
    Faisait dire à Jeanne :
Nicolas, vous perdez vos pas,
    Vous n'entrerez pas.

Lorsque l'on entend crier Jeanne,
Et qu'on voit son entêtement,
Il ne faut pas qu'on la condamne,
Cela n'est pas sans fondement,
Non, ce n'est point par pure singerie
    Que cette enfant crie :
Nicolas, vous perdez vos pas,
    Vous n'entrerez pas.

COLLÉ.

LA CINQUANTAINE.

AIR : *On compterait les diamants.*

Damon est vert, quoiqu'un peu vieux ;
Damon, grâces à sa sagesse,
Conserve l'éclat et les feux
De la plus brillante jeunesse.
Il prouve, au déclin de ses ans,
    Après cinquante ans de ménage,
Qu'on peut être heureux en tout temps,
Qu'il est des plaisirs à tout âge.

Je vous vois, messieurs les galants ;
Je vous vois, jeunesse volage,
A des amours de cinquante ans
Prodiguer votre persiflage.
Vous ne rirez pas si longtemps ;
Allez, le plaisir n'a point d'âge !
On peut prolonger son printemps ;
Mais ce droit n'appartient qu'au sage.

Dans l'âge des tendres soupirs,
Heureux qui sait avec sagesse
Économiser ses plaisirs,
Et craindre leur trompeuse ivresse !...
Quand bien d'autres au souvenir
Sont réduits, il jouit encore ;
Il n'a point éteint le désir ;
Il est toujours à son aurore.

De ces époux, de ces amants,
Chantons l'heureuse cinquantaine ;
Et puissions-nous, dans cinquante ans,
Chanter encore la centaine !
Ils doivent tous deux à l'instant
Goûter une volupté pure :

L'astre du jour à son couchant
Sourit encore à la nature.
GALLET.

L'HIRONDELLE.

AIR : *Il n'est qu'un temps.*

Quand l'hirondelle
A tire-d'aile
Vole et rappelle
Le doux printemps ;
C'est pour apprendre
A tout cœur tendre,
Que pour se rendre
Il n'est qu'un temps.

Quand du bel âge
Fille peu sage
Flétrit l'usage,
Du doux plaisir
Le lis s'efface ;

L'éclat qui passe
Laisse la trace
Du repentir.

D'un cœur qui change
Est-il étrange
Qu'Amour se venge
Par des rigueurs ?
Le temps amène
Soucis et peine :
Pour lors sa chaîne
N'est plus de fleurs.

Quand une belle
Un peu cruelle
Retient près d'elle
L'amant chéri ;
C'est la sagesse,
Qui, par tendresse,
Pour la vieillesse
Garde un mari.

GALLET.

LES
TROIS PLAISIRS DE LA VIE.

Air : *Est-il de plus douces odeurs ?*

J'ai cinquante ans, j'ai le désir
  De vivre en homme sage ;
J'ai consulté sur le plaisir
  Qui convient à mon âge :
En secret j'ai vu tour à tour,
  Sur ce point nécessaire,
Apollon, Bacchus et l'Amour :
  On ne pouvait mieux faire.

L'Amour m'a dit : Il faut aimer ;
  Et le dieu de la treille :
Qu'un berger ne doit s'enflammer
  Qu'auprès de sa bouteille.
A chanter Glycère et le vin
  Apollon met sa gloire ;
D'où je conclus qu'il faut sans fin
  Chanter, aimer et boire.

GALLET.

MA PHILOSOPHIE.

Bon vin, bon vin,
Quoique ton pouvoir soit divin,
Malgré toi nos jours prendront fin;
Mais, pendant que le temps s'écoule,
Coule, bon vin, sans cesse coule :
Puisqu'on ne peut fixer nos jours,
Gardons-nous de fixer ton cours.

Bon sens, bon sens,
Te chercher parmi les savants,
C'est perdre son huile et son temps.
O toi ! qui pâlis sur ta lampe,
Lampe du vin, sans cesse lampe !
Jurisconsulte ou médecin,
Puise ton savoir dans le vin.

Qu'entends-je? hélas !
J'ai laissé ma femme là-bas.
Quelqu'un vient, et je n'y suis pas :
Pour me cacher ce qui se passe,

Passe, bon vin, sans cesse passe !
Quand je suis ivre, je suis bien ;
Mes yeux ouverts ne verront rien.

Que vois-je, ô dieux !
Quel fantôme vient à mes yeux
Mouiller ses doigts dans mon vin vieux ?
C'est la Parque qui mes jours file ;
File, bon vin, doucement file.
Tant que mon bon vin durera,
Pour moi la Parque filera.

DUFRESNY.

LA JOLIE BOUDEUSE.

AIR : *Du haut en bas.*

Quand vous boudez,
Vous n'en êtes pas moins charmante ;
Quand vous boudez,
Ce joli front, que vous ridez,

Prend une grâce différente.
Mais vous n'avez pas l'air méchante,
    Quand vous boudez.

    Quand vous riez,
Que d'éclat sur votre visage,
    Quand vous riez !
Jeune Iris, si vous m'en croyez,
N'affectez point un air sauvage :
Vous plaisez cent fois davantage,
    Quand vous riez.

    A son réveil,
Iris, plus brillante que Flore,
    A son réveil,
Au sortir des bras du sommeil,
Semble une fleur qui vient d'éclore ;
Céphale croyait voir l'Aurore
    A son réveil.
            L'abbé DE LATTAIGNANT.

L'HEUREUX CONVIVE.

Air : *Ne v'là-t-il pas que j'aime.*

Que l'on goûte ici de plaisir !
    Où pourrions-nous mieux être?
Tout y satisfait nos désirs,
    Et tout les fait renaître.

N'est-ce pas ici le jardin
    Où notre premier père
Trouvait sans cesse sous sa main
    De quoi se satisfaire?

Ne sommes-nous pas encor mieux
    Qu'Adam dans son bocage?
Il n'y voyait que deux beaux yeux:
    J'en vois bien davantage.

Dans ce jardin délicieux
    On voit aussi des pommes

Faites pour charmer tous les dieux,
 Et damner tous les hommes.

Amis, en voyant tant d'appas,
 Quels plaisirs sont les nôtres !
Sans le péché d'Adam, hélas !
 Nous en verrions bien d'autres.

Il n'eut qu'une femme avec lui,
 Encor c'était la sienne :
Je vois d'ici celle d'autrui,
 Et n'y vois point la mienne.

Il buvait de l'eau tristement
 Auprès de sa compagne ;
Nous autres nous chantons gaîment
 En sablant le champagne.

Si l'on eût fait dans un repas
 Cette chère au bonhomme,
Le gourmand ne nous aurait pas
 Damné pour une pomme.

Le duc DE NIVERNOIS.

PORTRAIT

D'UNE MAITRESSE DÉSIRÉE.

Air : *Je suis Lindor*, etc.

D'aimer jamais si je fais la folie,
Et que je sois le maître de mon choix,
Connais, Amour, celle qui sous tes lois
Pourra fixer le destin de ma vie.

Je la voudrais moins belle que gentille :
Trop de fadeur suit de près la beauté.
Simples attraits peignent la volupté ;
Jolis minois de feu d'amour pétille.

Je la voudrais moins coquette que tendre,
Sans être Agnès ayant peu de désirs ;
Sans les chercher se livrant aux plaisirs,
Les augmentant en voulant s'en défendre.

Je la voudrais sans goût pour la parure,
Sans négliger le soin de ses appas ;

Quelque peu d'art qui ne s'aperçoit pas
Ajoute encore au prix de la nature.

Je la voudrais n'ayant pas d'autre envie,
D'autre bonheur que celui de m'aimer,
Si cet objet, Amour, peut se trouver,
De te servir je ferai la folie.

M. L. D. D. N.

V'LA C'QUE C'EST QU'D'ALLER AU BOIS.

VAUDEVILLE.

Tous nos tendrons sont aux abois,
  V'là c'que c'est qu'd'aller au bois,
Nos bûcherons sont gens adroits.
    Quand on va seulette
    Cueillir la noisette,
Jamais l'Amour ne perd ses droits :
  V'là c'que c'est qu'd'aller au bois.

Jamais l'Amour ne perd ses droits :
  V'là c'que c'est qu'd'aller au bois.
L'autre jour ce petit sournois
    Dormait à l'ombrage
    Sous un vert feuillage :
Dorine approche en tapinois,
  V'là c'que c'est qu'd'aller au bois.

Dorine approche en tapinois,
  V'là c'que c'est qu'd'aller au bois :
Elle dérobe son carquois,
    En tire une flèche
    Propre à faire brèche,
Dont elle se blessa, je crois ;
  V'là c'que c'est qu'd'aller au bois.

Dont elle se blessa, je crois :
  V'là c'que c'est qu'd'aller au bois.
Depuis ce temps je l'aperçois
    Qui pleure, qui rêve ;
    Morguenne elle endève.
L'imprudente s'en mord les doigts :
  V'là c'que c'est qu'd'aller au bois.

FAVART.

LES ROIS.

Air : *Sur son sofa, dans son boudoir.*

La plus aimable confrérie
C'est celle de l'Amphitryon ;
Ce sont tous rois sans tyrannie, ⎫
Tous sujets sans sédition.   ⎭ *Bis.*

Le sort tour à tour nous couronne,
Et nous donne une autorité
Que sans faiblesse on abandonne,
Comme on en jouit sans fierté.

Ainsi que le temps le vin coule ;
Du meilleur pour nous on fait choix ;
Et c'est là la divine ampoule
Qui sert au sacre de nos rois.

Tous nos jours sont des jours de fête,
La paix règne dans notre cour ;
Nous n'entreprenons des conquêtes
Que sous les drapeaux de l'Amour.

Jamais l'intérêt ne nous brouille;
Bacchus sait nous accorder tous :
Quand le sceptre tombe en quenouille,
L'empire n'en est que plus doux.

Nous ne nous embarrassons guères
De tout ce que font les absents,
Et des affaires étrangères
On ne tient point bureau céans.

Ce que l'on dit dans notre empire
Ne doit point être répété ;
On commettrait, en l'osant dire,
Crime de lèse-majesté.

Aux vrais rois sans porter envie,
Amis, buvons, chantons, rions ;
Ils voudraient bien mener la vie
Que mènent nos Amphitryons.

Vous, régnez avec moi, ma belle ;
Partagez des honneurs trop courts :
Si ma couronne était réelle
Vous seriez reine pour toujours.

LATTAIGNANT.

LA FILLE COMME IL Y EN A PEU.

Il était une fille,
Une fille d'honneur,
Qui plaisait fort à son seigneur :
En son chemin rencontre
Ce seigneur déloyal,
Monté sur son cheval.

Mettant le pied à terre,
Entre ses bras la prend :
Embrasse-moi, ma belle enfant !
Hélas ! répondit-elle,
Le cœur transi de peur,
Volontiers, Monseigneur.

Mon frère est dans ses vignes ;
Vraiment, s'il voyait ça,
Il l'irait dire à mon papa ;
Montez sur cette roche,

Jetez les yeux là-bas,
Ne le voyez-vous pas?

Tandis qu'il y regarde,
La finette aussitôt
Sur le cheval ne fait qu'un saut.
Adieu, mon gentilhomme :
Et zeste, elle s'en va,
Monseigneur reste là.

Cela vous apprend comme
On attrape un méchant;
Quand on le veut, on se défend :
Mais on ne voit plus guère
De ces filles d'honneur
Refuser un seigneur.

VAUDEVILLE DE TABLE

Air : *La plus belle promenade,*
ou bien : *Eh! ma mère, est-c' que j'sais ça?*

Que le plaisir nous enchante,
Qu'il soit l'âme du repas ;
Que l'on boive, que l'on chante,
Oublions tous nos débats :
Avec ce jus délectable
Le chagrin n'est plus permis,
Et c'est toujours à la table
Que l'on devient bons amis.

C'est le moment du silence
Quand on sert les premiers plats ;
On s'observe avec décence
Et l'on se parle tout bas ;
L'entremets rend plus aimable,
Au dessert on voit les Ris ;

CHANSONS.

Quand le champagne est sur table,
On devient tous bons amis.

Dans un cercle la saillie
Cause souvent du dépit;
La plus légère ironie
Est un vice de l'esprit :
Dans un repas agréable
Tous les bons mots sont bien pris;
La franchise règne à table,
On est toujours bons amis.

Que je sais de gens sévères,
Durs et brusques le matin,
Qui, le soir, au bruit des verres,
Ont un plaisir clandestin !
Leur humeur est plus affable,
Et, dans des soupers jolis,
Avec eux l'Amour à table
Les rend les meilleurs amis.

Allons, gai, cher camarade !
Je t'attends le verre en main;
Il faut boire une rasade

A la santé de Catin :
Si la belle, peu traitable,
T'a causé de noirs soucis,
Morgué, fais-la mettre à table,
Vous deviendrez bons amis.

Blaise, barbier du village,
Pour humer du vin clairet,
Les soirs quitte son ménage,
Et chopine au cabaret;
Sa moitié, qui fait le diable,
Va l'étourdir de ses cris;
Blaise la fait mettre à table,
Ils en sortent bons amis.

FAVART.

LA DORMEUSE.

Air : *Réveillez-vous, belle endormie.*

Réveillez-vous, belle dormeuse,
Si ce baiser vous fait plaisir;

Mais si vous êtes scrupuleuse,
Dormez, ou feignez de dormir.

Craignez que je ne vous éveille;
Favorisez ma trahison.
Vous soupirez!... Votre cœur veille;
Laissez dormir votre raison.

Souvent quand la raison sommeille,
On aime sans y consentir;
Pourvu qu'Amour ne nous réveille
Qu'autant qu'il faut pour le sentir.

Si je vous apparais en songe,
Jouissez d'une douce erreur;
Goûtez les plaisirs du mensonge,
Si la vérité vous fait peur.

DUFRESNY.

TONTON, TONTAINE, TONTON.

LE REFRAIN DU CHASSEUR.

Mes amis, partons pour la chasse;
Du cor j'entends le joyeux son.
    Tonton, tonton,
    Tontaine, tonton.
Jamais ce plaisir ne nous lasse,
Il est bon en toute saison,
    Tonton,
    Tontaine, tonton.

A sa manière chacun chasse,
Et le jeune homme et le barbon,
    Tonton, tonton,
    Tontaine, tonton.
Mais le vieux chasse la bécasse,
Et le jeune un gibier mignon.

Pour suivre le chevreuil qui passe,
Il parcourt les bois, le vallon,

Tonton, tonton,
Tontaine, tonton,
Et jamais en suivant sa trace,
Il ne trouve le chemin long.

A l'affût le chasseur se place,
Guettant le lièvre ou l'oisillon,
Tonton, tonton,
Tontaine, tonton.
Mais si jeune fillette passe,
Il la prend : pour lui tout est bon.

Le vrai chasseur est plein d'audace,
Il est gai, joyeux et luron.
Tonton, tonton,
Tontaine, tonton.
Mais, quelque fanfare qu'il fasse,
Le chasseur n'est pas fanfaron.

Quand un bois de cerf l'embarrasse,
Chez sa voisine sans façon,
Tonton, tonton,
Tontaine, tonton,
Bien discrètement il le place
Sur la tête d'un compagnon.

Quand on a terminé la chasse,
Le chasseur se rend au grand rond,
Tonton, tonton,
Tontaine, tonton,
Et chacun boit à pleine tasse
Au grand saint Hubert, son patron,
Tonton,
Tontaine, tonton.

MARION DE MERSAN.

LISETTE ET LE VIN.

Air : *Ce mouchoir, belle Raymonde.*

Malgré le censeur austère,
Ici-bas point de bonheur
Sans les plaisirs de Cythère,
Sans la grappe du buveur.
Heureux avec la fillette,

CHANSONS.

Heureux avec le raisin,
Ai-je tort d'aimer Lisette?
Ai-je tort d'aimer le vin?

Peu d'amour brûle mon âme,
Et Bacchus vient le calmer;
Le vin assoupit ma flamme,
Lise vient la rallumer;
Que l'un songe à la retraite,
L'autre reprend le terrain.
Ai-je tort d'aimer Lisette?
Ai-je tort d'aimer le vin?

Si ma bouteille m'échappe,
Lisette me restera;
Et si Lisette m'attrape,
Mon vin me consolera.
Si Bacchus trouble ma tête,
L'Amour me tendra la main.
Ai-je tort d'aimer Lisette?
Ai-je tort d'aimer le vin?

Sur le fleuve de la vie,
Je ne guide mon bateau

Que vers le dieu d'Idalie,
Ou vers le dieu du tonneau.
Chez l'un vois-je une tempête,
Le ciel chez l'autre est serein.
Ai-je tort d'aimer Lisette?
Ai-je tort d'aimer le vin?

COMBES jeune.

LA VIE.

A MAYNARD.

Pourquoi se donner tant de peine?
Buvons plutôt à perdre haleine
De ce nectar délicieux,
Qui, pour l'excellence, précède
Celui même que Ganymède
Verse dans la coupe des dieux.

C'est lui qui fait que les années
Nous durent moins que les journées,

C'est lui qui nous fait rajeunir,
Et qui bannit de nos pensées
Le regret des choses passées
Et la crainte de l'avenir.

Buvons, Maynard, à pleine tasse,
L'âge insensiblement se passe,
Et nous mène à nos derniers jours ;
L'on a beau faire des prières,
Les ans, non plus que les rivières,
Jamais ne rebroussent leur cours.

Le printemps, vêtu de verdure,
Chassera bientôt la froidure.
La mer a son flux et reflux ;
Mais depuis que notre jeunesse
Quitte la place à la vieillesse,
Le temps ne la ramène plus.

Les lois de la mort sont fatales
Aussi bien aux maisons royales
Qu'aux taudis couverts de roseaux.
Tous nos jours sont sujets aux Parques,
Ceux des bergers et des monarques
Sont coupés des mêmes ciseaux.

Leurs rigueurs, par qui tout s'efface,
Ravissent, en bien peu d'espace,
Ce qu'on a de mieux établi,
Et bientôt nous mèneront boire,
Au-delà de la rive noire,
Dans les eaux du fleuve d'oubli.
RACAN.

BONSOIR, LA COMPAGNIE.

1777.

J'aurai bientôt quatre-vingts ans,
Je crois qu'à cet âge il est temps
  D'abandonner la vie;
Je la quitterai sans regret,
Gaîment je ferai mon paquet,
  Bonsoir, la compagnie.

Quand de chez nous je sortirai,
Je ne sais pas trop où j'irai,

Mais en Dieu je me fie;
Il ne peut que me mener bien,
Aussi je n'appréhende rien,
   Bonsoir, la compagnie.

J'ai goûté de tous les plaisi
J'en ai gardé les souvenirs,
   A présent je m'ennuie.
Mais quand on n'est plus propre à rien,
L'on se retire et l'on fait bien.
   Bonsoir, la compagnie.

Dieu fit tout sans nous consulter,
Rien ne saurait lui résister :
   Ma carrière est remplie;
A force de devenir vieux,
Peut-on se flatter d'être heureux ?
   Bonsoir, la compagnie.

Nul mortel n'est ressuscité
Pour nous dire la vérité
   Des biens de l'autre vie.
Une profonde obscurité
Fait le sort de l'humanité.
   Bonsoir, la compagnie.

Rien ne périt entièrement,
Et la mort n'est qu'un changement,
  Dit la philosophie.
Que ce système est consolant,
Je chante en adoptant ce plan :
  Bonsoir, la compagnie.

Lorsque l'on prétend tout savoir,
Depuis le matin jusqu'au soir
  On lit, on étudie ;
Mais, par ma foi, le plus savant
N'est comme moi qu'un ignorant.
  Bonsoir, la compagnie.

LATTAIGNANT.

LA BONNE AVENTURE.

Jeunes filles qui portez
  Blonde chevelure,
L'amour vient de tous côtés
Rendre hommage à vos beautés.

La bonne aventure, ô gué!
  La bonne aventure!

Longue souffrance, en aimant,
  Est chose bien dure,
Mais lorsqu'un heureux amant
Plaît au premier compliment,
La bonne aventure, ô gué!
  La bonne aventure!

Voir sans obstacle un ami,
  Bagatelle pure!
Mais pour un amant chéri
Tromper tuteur ou mari,
La bonne aventure, ô gué,
  La bonne aventure!

Si l'Amour d'un trait malin
  Vous a fait blessure,
Prenez-moi pour médecin
Quelque joyeux boute-en-train,
La bonne aventure, ô gué!
  La bonne aventure!

Suivons un penchant flatteur,

Sans peur du murmure.
Est-il plus grande douceur
Que celle que donne au cœur
La bonne aventure, ô gué!
La bonne aventure!

DANCOURT.

SI JEUNESSE SAVAIT
SI VIEILLESSE POUVAIT.

Air : *M. de Catinat.*

Combien dans le jeune âge on abuse du temps,
Que de frivolités, que de vœux inconstants!
Aimer de bonne foi donne un plaisir parfait;
Jeunesse en jouirait si jeunesse savait.

Si jeunesse savait, l'illusion fuirait;
L'avenir incertain surtout l'alarmerait.
Si vieillesse pouvait, elle en abuserait;
Ainsi donc, ici-bas, tout est bien comme il est.

DAME JACINTHE.

Jacinthe à la promenade
Fit un faux pas près d'un hallier,
    Hé! hé! hé! hé!
    Hé! hé! hé! hé!
Elle en est au lit malade.
Elle s'en prend à son soulier :
Ah! ah! ah! ah! dame Jacinthe,
  Imprudente vous étiez;
    Hé! hé!
    Hé! hé!
Ah! ah! ah! ah! dame Jacinthe,
  Mieux valait aller nu-pieds.

Le médecin la visite,
La fait longtemps considérer,
    Hé! hé! hé! hé!
    Hé! hé! hé! hé!
Faut du remède au plus vite,
Car le mal doit augmenter.

Ah! ah! ah! ah! dame Jacinthe,
Imprudente vous étiez,
Hé! hé!
Hé! hé!
Ah! ah! ah! ah! dame Jacinthe
Mieux valait aller nu-pieds.

Le remède qu'il faut faire,
Sans doute l'avez deviné,
Hé! hé! hé! hé!
Hé! hé! hé! hé!
Faut Martin, votre compère,
Deux témoins et le curé :
Ah! ah! ah! ah! dame Jacinthe,
Imprudente vous étiez,
Hé! hé!
Hé! hé!
Ah! ah! ah! ah! dame Jacinthe,
Mieux valait aller nu-pieds.

CAZOTTE

LES VENDANGES.

Dans la vigne à Claudine
Les vendangeurs y vont.
On choisit à la mine
Ceux qui vendangeront.
Aux vendangeurs qui brillent
On y donne le pas ;
Les autres y grappillent,
Mais n'y vendangent pas.

Sur la fin de l'automne,
Vint un joli vieillard :
« Si la vendange est bonne,
J'en veux avoir ma part. »
Cette prudente fille
Lui répondit tout bas :
« Vieux vendangeur, grappille,
ais ne vendange pas. »

Aux vignes de Cythère,
Parmi les raisins doux,

Est mainte grappe amère,
N'en cueillez pas pour vous.
Ce choix, pour une fille,
Est un grand embarras :
La plus sage grappille,
Mais ne vendange pas.

DUFRESNY.

LE BUVEUR AMOUREUX.

J'aime Bacchus, j'aime Nanon ;
Tous deux partagent ma tendresse,
Tous deux ont troublé ma raison
Par une aimable et douce ivresse.
Ah ! qu'elle est belle ! ah ! qu'il est bon !
C'est le refrain de ma chanson.

Nanette, en me brûlant d'amour,
Me rend le vin plus agréable ;
Le vin, par un juste retour,

La rend à mes yeux plus aimable.
Ah! qu'elle est belle! etc.

En partageant ainsi mes vœux,
Mon cœur en est plus à son aise :
Quand il me manque l'un des deux,
L'autre me soulage et m'apaise.
Ah! qu'elle est belle! etc.

Tous deux ils savent concourir
A rendre leur gloire immortelle;
Nanette au vin me fait courir,
Le vin me fait courir chez elle.
Ah! qu'elle est belle! etc.

De Nanon regardez les yeux,
Et goûtez bien ce doux breuvage;
Quand vous les connaîtrez tous deux,
Amis, vous tiendrez ce langage :
Ah! qu'elle est belle! etc.

Chez l'amour ma raison se perd
Je la retrouve sous la treille,

Je sers Vénus, Bacchus me sert :
L'un m'endort, l'autre me réveille.
Ah! qu'elle est belle! etc.

PANARD.

CROIS-MOI, PLANTE DE LA VIGNE.

Que fais-tu de tes richesses,
Sot favori de Plutus ?
T'occuperas-tu sans cesse
D'augmenter tes revenus ?
A quoi sert cette opulence
Dont tu me parais si vain ?
Triste au sein de l'abondance,
Veux-tu voir fuir le chagrin ?
Crois-moi, plante de la vigne,
Tu cueilleras du raisin,
Et tu boiras du bon vin.

Cette tige salutaire
Pour l'homme est un don des cieux;

Elle attire sur la terre
Tous les favoris des dieux.
Le pauvre, en vidant bouteille
Voit disparaître soudain
Les fatigues de la veille,
Les soucis du lendemain.
      Crois-moi, etc.

Vois ce buveur qui s'arrête :
Il admire, il est heureux,
Il entend, tourne la tête,
Écoute des chants joyeux ;
Entrant dans une guinguette,
On lui met un verre en main ;
En buvant sa chopinette,
Il chante ce doux refrain :
      Crois-moi, etc.

Si la fortune volage
Sur moi versait ses bienfaits,
Je ferais un digne usage
Du bien qu'elle m'aurait fait :
Point de luxe d'équipage,
Point de château ni de train ;

Tranquille en mon ermitage,
Bienfaiteur du genre humain,
Je planterais de la vigne,
Je cueillerais du raisin,
Et je boirais du bon vin.

    Paroles d'un anonyme.

LE VIN.

1823.

Air : *C'est l'amour*, etc.

C'est le vin, le vin, le vin,
 Que boit le monde
 A la ronde ;
C'est avec ce jus divin
Qu'on brave le destin.

Amis, qui chasse la tristesse ;
Pour les plaisirs, les ris, les jeux,
Qui sait décider ma maîtresse

A couronner mes tendres feux ?
 Qui mène à la Courtille,
 Ou chez mère Radis,
 Le dimanche en famille
 La moitié de Paris ?
  C'est le vin, etc.

Qui fait que notre belle France
L'emporte sur tous les pays ?
Et pourquoi donc cette affluence
De ces étrangers à Paris ?
 Qui rend déraisonnable
 L'Anglais si peu léger,
 Au point que sous la table
 Il roule après dîner ?
  C'est le vin, etc.

A l'homme sot, à l'imbécile,
Qui souvent donne de l'esprit
Qui parfois nous fait voir un mille
Dans un nombre bien plus petit ?
 Qui fait que je pardonne
 Aux torts de mon prochain ?
 Et qui rend ma personne

L'amie du genre humain ?
　　C'est le vin, etc,

Qui donne encor des jouissances
Au vieillard sous le poids des ans,
Et d'heureuses réminiscences
Des doux plaisirs de son printemps ?
　　Que chanta sur ma lyre
　　L'aimable Anacréon ?
　　Aujourd'hui qui m'inspire
　　Cette faible chanson ?

C'est le vin, le vin, le vin,
　　Que boit le monde
　　A la ronde ;
C'est avec ce jus divin
　　Qu'on brave le destin.

　　　　　　　Paroles d'un anonyme.

LES STATUES ANIMÉES.

AIR : *De tous les capucins du monde.*

Qu'auprès d'un jeune homme on étale
Quelque trait de bonne morale,
Maxime ou quatrain de Pybrac,
Il s'endort, l'oreille est fermée ;
De fillettes parlez-lui... tac !
Voilà la statue animée.

Quand quelque plaideur communique
Ses papiers à gens de pratique,
Si rien n'accompagne le sac,
On s'endort, l'oreille est fermée ;
Mais joignez-y de l'argent... tac !
  Voilà, etc.

Auprès d'une femme galante,
Servez-vous de phrase élégante ;
Parlez-lui Voiture ou Balzac,
Elle dort, l'oreille est fermée ;

Prenez le ton du caissier... tac !
  Voilà, etc.

Quand pour quelque ancienne dépense
On vient faire la révérence
Au chevalier de Crédillac,
Il s'endort, l'oreille est fermée ;
Mais parlez-lui d'un dîner... tac !
  Voilà, etc.

Qu'on propose à la jeune Ismène
Un mari dont la soixantaine
Commence à faire un almanach,
Elle dort, l'oreille est fermée ;
Si c'est un jeune égrillard... tac !
  Voilà, etc.

L'an passé la jeune Amarante
Fut très-longtemps pâle et mourante ;
Des médecins tout le micmac
N'opéra que de la fumée :
Vient un jeune colonel... tac !
  Voilà, etc.

Lise à douze ans était pécore ;

Aucun soupir n'avait encore
Pressé son petit estomac :
Tircis vient, elle en est charmée ;
Dans le moment l'amour fit... tac !
Voilà la statue animée.

Paroles d'un anonyme.

LE JEUNE PAGE.

Un jeune et joli page
Vit, non loin du château,
Fille au gentil corsage,
Qui menait son troupeau :
L'agneau sous la coudrette
En bêlant bondissait,
En tenant sa houlette,
Pastourelle chantait :
  Tra, la, la, la.

Écoute-moi, la belle,
Fais-moi don de ton cœur :
Toujours serai fidèle

Et ferai ton bonheur,
Couronne ma tendresse,
L'hymen nous unira.
Fuyant avec vitesse,
La belle lui chanta :
   Tra, la, la, la.

Bientôt sur la fougère
Elle se laissa choir,
Et près de la bergère
Le page vint s'asseoir.
Là, dit-elle, beau page,
Quand il se releva,
Parlons de mariage :
Le traître lui chanta :
   Tra, la, la, la.

Durant l'année entière,
On ne la rencontra ;
Bientôt dans sa chaumière
Un soir elle rentra ;
Enfin dans le village
On vit un bel enfant,
Qui ressemblait au page,

Et s'en allait chantant :
Tra, la, la, la.
Paroles d'un anonyme.

A BOIRE, A BOIRE, A BOIRE!

AIR CONNU.

Chaq' chanson qui prend sa fin,
Ell' mérite, ell' mérite,
Chaq' chanson qui prend sa fin,
Ell' mérite un verr' de vin.
A boire, à boire, à boire !
Nous quitterons-nous sans boire ?
Les bons enfants ne sont pas si fous
Que de se quitter sans boire un coup.

Un coup, c'est trop' peu, mon vieux,
Encore un, frère Grégoire.
Quand les bœufs vont deux à deux,
Le labourage en va mieux.
A boire, etc.

Deux coups sont bientôt finis;
Verse encor, frère Grégoire,
A la santé des amis
A table ici réunis.
  A boire, etc.

Trois coups, ce n'est pas assez;
Allons donc, frère Grégoire,
En l'honneur de ces beautés
Dont nos cœurs sont enchantés.
  A boire, etc.

Quatre coups! morguenne, holà!
Non vraiment, frère Grégoire,
A notre hôte que voilà,
Buvons encor celui-là.
  A boire, etc.

Cinq coups, l'compte n'est pas fait,
Encore un, frère Grégoire;
Notre hôte se fâcherait
Si la cave n'y passait.
  A boire, etc.

Mais la m'sure est au complet;

Merci bien, frère Grégoire ;
Laissons reposer l'cornet
Et fermez le robinet.
　A boire, à boire, à boire,
　Nous quitterons-nous sans boire ?
Les bons enfants ne sont pas si fous
Que de se quitter sans boire un coup.

　　　　　　Paroles d'un anonyme.

C'EST LE BON VIN.

De tous les biens qu'ici-bas on nous vante,
Savez-vous bien celui qui vous enchante ?
　　C'est le bon vin : (*Bis.*)
　C'est cette liqueur charmante,
　C'est le bon vin qui nous enchante ;
　C'est, c'est, c'est le bon vin,
C'est le bon vin qui nous met tous en train. (*Bis.*)

Quand deux amis se sont mis en ribote,
Savez-vous bien ce qui les ravigote ?
　　C'est le bon vin.

C'est de ce jus de la treille,
C'est le bon vin qui les réveille,
C'est, c'est, c'est le bon vin, etc.

Quand deux amis se sont pris de querelle.
Savez-vous bien ce qui vous les rappelle?
C'est le bon vin :
C'est cette liqueur si chérie,
C'est le bon vin qui les rapatrie,
C'est, c'est, c'est le bon vin, etc.

Si votre Iris est un peu trop volage,
Savez-vous bien ce qui vous en dégage?
C'est le bon vin :
C'est cet excellent breuvage,
C'est le bon vin qui nous en dégage,
C'est, c'est, c'est le bon vin, etc.

Un cordelier de sa voix fait parure,
Savez-vous bien ce qui la lui procure?
C'est le bon vin :
C'est cette liqueur si pure,
Et qui ranime la nature :
C'est, c'est, c'est le bon vin, etc.

Lorsqu'un prêtre s'en va dire sa messe,
Savez-vous bien ce qui l'intéresse?
C'est le bon vin :
C'est la liqueur enchanteresse,
C'est le bon vin qui l'interesse :
C'est, c'est, c'est le bon vin, etc.

Les six couplets que je viens de vous dire,
Savez-vous bien ce qui me les inspire ?
C'est le bon vin :
C'est ce divin élixir,
C'est le bon vin qui me les inspire :
C'est, c'est, c'est le bon vin, etc.

Si vous trouvez ma chanson un peu bonne,
Savez-vous bien ce qui faut qu'on me donne?
C'est du bon vin :
C'est ce divin jus d'automne,
Toujours le meilleur de la tonne :
C'est, c'est, c'est le bon vin,
C'est du bon vin qui nous met tous en train.

Paroles d'un anonyme.

LES VENDANGES DE CYTHÈRE

1774.

Air : *Dans la vigne à Claudine.*

Dans l'île de Cythère
Vénus a son pressoir,
Que, d'une main légère,
Les Amours font mouvoir,
On y puise sans cesse
Ce nectar précieux
Que verse la jeunesse
A la table des dieux.

Cuve où l'on est à l'aise
Plaît le mieux à Bacchus;
Ce goût, ne lui déplaise,
Irait mal à Vénus.
Le plus petit espace
Renferme mille appas,

Le vin tient de la place,
Le plaisir n'en tient pas.

Tout rempli d'allégresse,
Comme on voit le glaneur
Grappiller ce que laisse
Le fer du vendangeur;
Armé d'une faucille,
Dans Cythère, à son tour,
Le pauvre Hymen grappille
Les restes de l'Amour.

Ennemi du mystère,
Bacchus aime un séjour
Que le soleil éclaire,
Et vendange le jour.
Vénus aime le sombre
Du plus secret réduit;
Elle se plaît à l'ombre,
Et vendange la nuit.

DORAT.

LA CHASSE.

Chacun de nous a sa folie ;
Moi, la chasse est ma passion.
  Tonton, tonton,
  Tontaine, tonton.
C'est un plaisir que je varie
Suivant le lieu, l'occasion.
  Tonton,
  Tontaine, tonton.

Tantôt les perdrix dans la plaine
Tombent sous mes coups à foison.
  Tonton, tonton,
  Tontaine, tonton.
Tantôt la trompe au bois m'entraîne ;
Tout gibier me plaît s'il est bon.
  Tonton,
  Tontaine, tonton.

Dans les vignes du vieux Silène
La chasse est de toute saison.

Tonton, tonton,
Tontaine, tonton.
le plaisir passe la peine,
Car on y laisse sa raison.
Tonton,
Tontaine, tonton.

Quelquefois je vais au Parnasse ;
Mais, hélas ! depuis qu'Apollon,
Tonton, tonton,
Tontaine, tonton.
N'a plus le Goût pour garde-chasse,
Son domaine est à l'abandon,
Tonton,
Tontaine, tonton.

Sur les terres de la fortune,
Le chasser n'est plus aussi bon.
Tonton, tonton,
Tontaine, tonton.
La chasse au vol est trop commune
Depuis dix ans dans le canton,
Tonton,
Tontaine, tonton.

J'aime à braconner à Cythère ;
Mais du cor j'adoucis le son.
　　Tonton, tonton,
　　Tontaine, tonton.
Les Grâces ne se prennent guère
Dans les filets du fanfaron,
　　Tonton,
　　Tontaine, tonton.

Philipon la Madelaine.

LA FORÊT NOIRE.

Notre meunier chargé d'argent,
　　S'en allait au village ;
V'là qu'tout à coup, v'là qu'il entend
　　Un grand bruit dans l'feuillage,
　　　　Ouf !
Notre meunier (*bis*) n'manque pas d'cœur,
On dit pourtant qu'il eut grand' peur.
Amis, si vous voulez, si vous voulez m'en croire,
N'allez pas (*bis*) dans la forêt noire.

L'autre jour la jeune Isabeau
  Se promenant seulette,
Elle revint sans son anneau
  Et sans sa collerette ;
    Hein !
Notre Isabeau (*bis*) n'manque pas d'cœur,
Mais que faire contre un voleur ?
Belle, si vous voulez, si vous voulez m'en croire
  N'allez pas (*bis*) dans la forêt noire.

Hier soir dans un chemin creux,
  Tout seul je m'achemine,
J'entends comme un cri douloureux
  D'qu'euq'zun qu'on assassine,
    Ouf !
Je vois paraître l'ombre d'feu notre pasteur,
Je m'écri' d'une voix à faire peur :
Ami, si tu fais bien et si tu veux m'en croire,
  Ne r'viens pas (*bis*) dans la forêt noire.

MARSOLLIER.

CHANTONS, BUVONS.

Air : *Eh! gai, gai, gai, mon officier.*

Chantons, buvons, ce n'est qu'ici
    Que la vie
    Est jolie :
Chantons, buvons, ce n'est qu'ici
    Qu'on nargue le souci.

  Une onde fugitive,
  Voilà notre destin ;
  Mais le ciel sur la rive
  Fait croître le raisin.
    Chantons, buvons, etc.

  Peine, ennui, jalousie,
  Assiégent nos foyers ;
  Mais ici l'on oublie
  Jusqu'à ses créanciers.
    Chantons, buvons, etc.

CHANSONS.

Laissons un dieu volage
Amuser des enfants :
On n'aime qu'au jeune âge;
On boit dans tous les temps.
   Chantons, buvons, etc.

Combien d'heures chagrines
Suivent les doux ébats !
La rose a des épines,
Le pampre n'en a pas.
   Chantons, buvons, etc.

Belles qu'Amour condamne
A de tendres langueurs,
Imitez Ariane :
Bacchus sécha ses pleurs.
   Chantons, buvons, etc.

Garde, fils de Latone,
Tes neuf sœurs, ton ruisseau;
J'ai pour muse Érigone,
Pour Parnasse un caveau.

Chantons, buvons, ce n'est qu'ici
   Que la vie

Est jolie :
Chantons, buvons, ce n'est qu'ici
Qu'on nargue le souci.

L. PHILIPON LA MADELAINE

RIEN N'ÉTAIT SI JOLI QU'ADÈLE.

1789.

Air breton.

Rien n'était si joli qu'Adèle,
   Qui, grâce à Lucas,
   Arrivait à grands pas
A l'âge où l'amour dit tout bas :
    Amusez-vous,
    Belle aux yeux doux,
    Amusez-vous,
    Trémoussez-vous,
   Amusez-vous, belle ;
    Amusez-vous,

Ne craignez rien,
Trémoussez-vous bien.

Un jour Lucas surprit Adèle
   Au fond d'un p'tit bois
  Où l'drôle en tapinois
Lui chanta pour la premièr' fois :
   Amusez-vous, etc.

Ce r'frain amusa tant Adèle
   Qu'avant de s'quitter,
  Sans pouvoir s'arrêter
Elle et Lucas n'fir'nt que chanter :
   Amusez-vous, etc.

Mais un jour que sur l'herb' nouvelle
   Adèl' chantait ça,
  Un gros loup la croqua...
Fillettes, d'après c'te l'çon-là,
   Méfiez-vous
  D'ce r'frain si doux :
   Amusez-vous,
   Trémoussez-vous,
   Amusez-vous, belle ;

> Amusez-vous,
> Ne craignez rien,
> Trémoussez-vous bien.
>
> DÉSAUGIERS.

TOUT VA CAHIN, CAHA.

JADIS ET AUJOURD'HUI.

Air *de Mouret*.

UN VIEILLARD.

Dans ma jeunesse
Gaiement le temps passait,
On se divertissait,
Avec grâce on dansait,
Dans un bal on faisait
Admirer son adresse.
Aujourd'hui ce n'est plus cela :
Ce n'est qu'indolence,
Langueur, négligence ;
Les grâces, la danse,

Sont en décadence,
   Et le bal va
   Cahin, caha.

UNE VIEILLE.

Dans ma jeunesse,
La vérité régnait,
La vertu dominait,
La constance brillait,
La bonne foi réglait
L'amant et la maîtresse.
Aujourd'hui ce n'est plus cela :
   Ce n'est qu'injustice,
   Trahison, malice,
   Changements, caprice,
   Détours, artifice,
   Et l'amour va
   Cahin, caha.

LE VIEILLARD.

Dans ma jeunesse,
Les veuves, les mineurs,
Avaient des défenseurs ;
Avocats, procureurs,

CHANSONS.

Juges et rapporteurs,
Soutenaient leur faiblesse.
Aujourd'hui ce n'est plus cela·
L'on gruge, l'on pille
La veuve. la fille,
Mineur et pupille,
Sur tout on grapille,
Et Thémis va
Cahin, caha.

LA VIEILLE.

Dans ma jeunesse,
Quand deux cœurs amoureux
S'unissaient tous les deux,
Ils sentaient mêmes feux ;
De l'hymen les doux nœuds
Augmentaient leur tendresse.
Aujourd'hui ce n'est plus cela :
Quand l'hymen s'en mêle,
L'ardeur la plus belle
N'est qu'une étincelle,
L'amour bat de l'aile,
Et l'époux va
Cahin, caha.

LE VIEILLARD.

Dans ma jeunesse,
On voyait des auteurs,
Fertiles producteurs,
Enchanter les lecteurs,
Charmer les spectateurs
Par leur délicatesse.
Aujourd'hui ce n'est plus cela :
Les vers assoupissent,
Les scènes languissent,
Les muses gémissent,
Succombent, périssent,
Pégase va
Cahin, caha.

LA VIEILLE.

Dans ma jeunesse,
Les papas, les mamans,
Sévères, vigilants,
En dépit des amants,
De leurs tendrons charmants
Conservaient la sagesse.
Aujourd'hui ce n'est plus cela :
L'amant est habile,

La fille docile,
La mère facile,
Le père imbéclle,
Et l'honneur va
Cahin, caha.

LE VIEILLARD.

Dans ma jeunesse,
L'homme sobre et prudent,
Au plaisir moins ardent,
Se bornait sagement,
Et ce ménagement
Retardait sa vieillesse.
Aujourd'hui ce n'est plus cela :
Honteux d'être sage,
Le libertinage
Dès quinze ans l'engage ;
A vingt il fait rage.
A trente il va
Cahin, caha.

LA VIEILLE.

Dans ma jeunesse,
Les femmes, dès vingt ans,

Renonçaient aux amants :
De leurs engagements
Les devoirs importants
Les occupaient sans cesse.
Aujourd'hui ce n'est plus cela.
Plus d'une grand' mère
S'efforce de plaire,
Et veut encor faire
Un tour à Cythère ;
La bonne y va
Cahin, caha.

LE VIEILLARD.

Dans ma jeunesse,
Des riches partisans
Les trésors séduisants,
Les fêtes, les présents,
N'étaient pas suffisants
Pour vaincre une maîtresse.
Aujourd'hui ce n'est plus cela :
Un commis, sans peine,
Gagne une Climène,
Et dès qu'à Vincennes

En fiacre il la mène :
La vertu va
Cahin, caha.

PANARD.

LA RESSEMBLANCE
ET LA DIFFÉRENCE.

VAUDEVILLE DE LA RÉPÉTITION INTERROMPUE.

Mars et l'amour en tous lieux
Savent triompher tous deux,
  Voilà la ressemblance ;
L'un règne par la fureur,
Et l'autre par la douceur,
  Voilà la différence.

Le voleur et le tailleur
Du bien d'autrui font le leur,
  Voilà la ressemblance ;
L'un vole en nous dépouillant,
Et l'autre en nous habillant,
  Voilà la différence.

L'amourette et le procès,
Tous deux causent bien des frais,
  Voilà la ressemblance ;
Dans l'un on gagne en perdant,
Dans l'autre on perd en gagnant,
  Voilà la différence.

Clitandre se plaint d'Iris,
Damon se plaint de Laïs,
  Voilà la ressemblance ;
L'un murmure des rigueurs,
L'autre gémit des faveurs,
  Voilà la différence.

Belle femme et bon mari
Font aisément un ami,
  Voilà la ressemblance ;
L'une en se servant des yeux,
L'autre en les fermant tous deux,
  Voilà la différence.

Le chasseur et l'amoureux
Battent le buisson tous deux,
  Voilà la ressemblance ;
Bien souvent, dans le taillis,

L'un attrape et l'autre est pris,
  Voila la différence.

Un rien détruit une fleur,
Un rien fait périr l'honneur,
  Voilà la ressemblance;
La fleur peut renaître un jour,
L'honneur se perd sans retour,
  Voilà la différence.

Par gens prudents et discrets,
Clystère et contrats sont faits,
  Voila la ressemblance;
L'un est fait pour engager,
Et l'autre pour dégager,
  Voilà la différence.

Clef de fer et clef d'argent
Ouvrent tout appartement,
  Voila la ressemblance;
Le fer ouvre avec fracas,
L'argent sans bruit et tout bas,
  Voila la différence.

La douceur et la beauté
Font notre félicité,

Voila la ressemblance;
La beauté, deux ou trois ans,
La douceur, dans tous les temps,
  Voilà la différence.

Hippocrate et le canon
Nous dépêchent chez Pluton,
  Voilà la ressemblance;
L'un le fait pour de l'argent,
Et l'autre gratuitement,
  Voilà la différence.

Adolescents et barbons,
Pour aimer ne sont point bons,
  Voilà la ressemblance;
Il n'est pas temps à quinze ans,
A soixante il n'est plus temps,
  Voilà la différence.

L'amour donne un grand désir,
Il cause aussi grand plaisir,
  Voilà la ressemblance;
Le désir est son berceau,
Le plaisir est son tombeau,
  Voilà la différence.

Maint procureur et drapier
D'allonger font leu métier,
 Voilà la ressemblance ;
L'un allonge le procès,
Et l'autre le Van Robez (1),
 Voilà la différence.

Le perroquet et l'acteur,
Tous deux récitent par cœur,
 Voilà la ressemblance,
Devant le monde assemblé,
L'un siffle, l'autre est sifflé,
 Voilà la différence.

Critiquer, satiriser,
C'est aux abus s'opposer,
 Voilà la ressemblance ;
Par l'un on veut outrager
Par l'autre on veut corriger,
 Voilà la différence.

PANARD.

(1) C'est-à-dire le drap : nom d'un célèbre manufacturier de l'époque.

TON HUMEUR EST, CATHERINE

REPROCHES A CATHERINE.

Ton humeur est, Cathereine,
Plus aigre qu'un citron vard;
On ne sait qui te chagreine,
Ni qui gagne, ni qui pard.
Qu'on soit sage, ou qu'on badeine,
Avec toi c'est choux pour choux;
Comme un vrai fagot d'épeine
Tu piques par tous les bouts.

Si je parle, tu t'offenses,
Tu grognes si je me tais,
Lorsque je me plains, tu danses,
Quand je ris, je te déplais.
A ton oreille mal faite
Mes chansons ne valent rien.
Et ma tant douce musette
N'est qu'un instrument de chien.

Cependant, quoi que tu dises,
Je ne puis quitter ces lieux ;
Et quoique tu me méprises,
Partout je suivrai tes yeux.
Je m'en veux mal a moi-même
Mais quand on est amoureux,
Un cheveu de ce qu'on aime
Tire plus que quatre bœufs.

D'un pot plein de marjoleine
Quand je te fis un présent,
Aussitôt, pour mon étrenne,
Tu le cassis, moi présent.
Si j'avais cru mon courage,
Après ce biau grand merci,
Ma main qui bouillait de rage
T'eût cassé la gueule aussi.

Pour te mettre en oubliance,
A d'autres j'ai fait la cour ;
Mais par cette manigance,
Tu m'as baillé plus d'amour :
Je crois que tu m'ensorcelles ;

Car à mes yeux ébaubis,
Auprès de toi, les plus belles
Ne me sont que du pain bis.

L'autre jour, d'un air honnête,
Quand je t'ôtis mon chapiau,
Plus vite qu'une arbalète,
Tu le fis sauter dans l'iau :
Et puis d'un ton d'arrogance,
Sans dire ni qui, ni quoi,
Tu me baillis l'ordonnance
De m'approcher loin de toi.

Chacune de tes deux joues
Semble une pomme d'apis ;
Comme deux morceaux de roues
Sont à tout point tes sourcils ;
Tes yeux, plus noirs que des marles,
Semblent mouches dans du lait ;
Et tes dents, un rang de parles
Aussi blanches que du lait.

Par là, morgué ! c'est dommage
Que tant de rares beautés

Ne me soient pour tout partage
Qu'un sac plein de duretés.
Quand ton humeur est revêche,
Je rumine en mon cerviau.
Et tu me semble une pêche,
Dont ton cœur est le noyau.

Le soleil qui fond la glace,
N'est pas plus ardent que moi :
Comme un gueux de sa besace,
Je me sens jaloux de toi ;
Au grand Colas, qui te lorgne,
Je veux pocher les deux yeux,
Ou du moins en faire un borgne,
Si je ne puis faire mieux.

Avec lui, dans nos prairies,
Tu t'en vas batifoler ;
Vous jasez comme deux pics,
Et moi je n'ose parler.
Il t'embrasse, il te chatouille,
Te caresse le grouin :
Et moi d'abord que je grouille,
Tu me flanque un coup de poing.

Sangué! vois-tu, Cathereine,
Je n'y saurais plus tenir,
Je crève dans ma poitreine,
Il faut changer ou finir.
Tu me prends pour une bûche,
Parce que j'ai l'air benin.
Mais tant à l'eau va la cruche,
Qu'elle se casse à la fin.

Quand j'aime une criature,
Jarnigoi! c'est tout de bon :
Je suis doux de ma nature
Autant et plus qu'un mouton.
Mais quand mon amour sincère
N'est payé que d'un rebut,
Dame! alors dans ma colère,
Je suis pis qu'un cerf en rut.

LA MERVEILLE

SANS PAREILLE.

On voit dans ma boîte magique,
    La rareté !
Rien qui ne flatte et qui ne pique
    La curiosité.
Le monde, en peinture mouvante
Par mon verre se montre aux yeux ;
Et sa figure est si parlante,
Qu'elle fait dire aux curieux :
    « Oh ! la merveille
    Sans pareille ! »

J'y fais voir un grand sans caprice,
    La rareté !
Un courtisan sans artifice,
    La curiosité !
Une cour où dame Fortune
Ne trouble pas les plus beaux jours,
Et n'ait pas, ainsi que la lune,

Et son croissant et son décours.
    Oh! la merveille
      Sans pareille!

Un seigneur sans faste et sans dettes,
    La rareté!
Un commis riche et les mains nettes,
    La curiosité!
Un Crésus, chez qui l'industrie
Enfante la prospérité,
Sans que dans l'éclat il oublie
Ce que ses aïeux ont été.
    Oh! la merveille
      Sans pareille!

Un bel esprit sans suffisance.
    La rareté!
Un grand du jour dans l'opulence,
    La curiosité!
Un ami qui, dans ma disgrâce,
M'aime autant que dans mon bonheur.
Et quand le sort m'ôte ma place,
M'en conserve une dans son cœur.
    Oh! la merveille
      Sans pareille!

Un bretteur qui jamais ne fuie,
    La rareté !
Un conteur qui jamais n'ennuie,
    La curiosité !
Un tartufe à lui-même austère,
Et qui, sous la douceur du miel,
Ne déguise pas le mystère
D'un cœur amer et plein de fiel.
        Oh ! la merveille
        Sans pareille !

Mari d'accord avec sa femme,
    La rareté !
Deux cœurs qui ne fassent qu'une âme,
    La curiosité !
Paisible et vertueux ménage,
Où sans cesse d'heureux enfants
Trouvent d'une conduite sage
Le modèle dans leurs parents.
        Oh ! la merveille
        Sans pareille !

Un petit-maître raisonnable,
    La rareté !
Un plaideur qui soit équitable,

CHANSONS.

    La curiosité !
Un modeste et sage critique
Qui, sans mélange d'âcreté,
Assaisonne d'un sel attique
Ce que le bon sens a dicté.
    Oh ! la merveille !
      Sans pareille !

Grand spectacle où tout divertisse,
    La rareté !
Fête où tout le monde applaudisse,
    La curiosité !
Chanson badine et satirique
Dont les couplets soient d'un goût fin
Dont chaque mot, sans blesser, pique
Et prépare un heureux refrain.
    Oh ! la merveille
      Sans pareille !

Le Père DU CERCEAU.

PHILOSOPHIE
D'UN SEXAGÉNAIRE.

A soixante ans on ne doit pas remettre
L'instant heureux qui promet un plaisir ;
Plus tard le sort voudrait-il nous permettre
De le rejoindre et de le ressaisir. (*Bis.*)
Sur l'avenir je ne compte plus guère :
Le présent seul à mon âge est certain.(*Bis.*)
Mon plus beau jour est celui qui m'éclaire,
Car les vieillards n'ont pas de lendemain.(*Bis.*)

Si le destin veut protéger ma vie,
Je me résigne à ses sages décrets ;
Mais mourir vieux n'est pas ce que j'envie :
L'âge souvent amène des regrets. (*Bis.*)
Chacun son tour est la règle du sage ;
Contentons-nous d'égayer nos instants.(*Bis*
Celui qui plie à soixante ans bagage,
S'il vécut bien, vécut assez longtemps.(*Bis.*)

DÉSAUGIERS.

FANCHON.

AIR : *Amour, laisse gronder ta mère.*

Amis, il faut faire une pause :
J'aperçois l'ombre d'un bouchon ;
Buvons à l'aimable Fanchon,
Pour elle faisons quelque chose.
Ah ! que son entretien est doux,
Qu'elle a de mérite et de gloire !
Elle aime à rire, elle aime à boire, } *Bis.*
Elle aime à chanter comme nous. }

Fanchon, quoique bonne chrétienne,
Fut baptisée avec du vin,
Un Allemand fut son parrain,
Une Bretonne sa marraine.
Ah ! que son entretien est doux, etc.

Elle préfère une grillade
Au repas le plus délicat ;

Son teint prend un nouvel éclat
Quand on lui verse une rasade.
Ah! que son entretien est doux, etc.

Si quelquefois elle est cruelle,
C'est quand on lui parle d'amour;
Mais, moi, je ne lui fais la cour
Que pour m'enivrer avec elle.
Ah! que son entretien est doux, etc.

Un jour le voisin La Grenade
Lui mit la main dans son corset :
Elle riposta d'un soufflet
Sur le museau du camarade.
Ah! que son entretien est doux,
Qu'elle a de mérite et de gloire!
Elle aime à rire, elle aime à boire, } *Bis.*
Elle aime à chanter comme nous.

Le général comte A. C. L. DE LASALLE,
tué à 34 ans, à Wagram, en 1809.

AH! VOUS DIRAI-JE, MAMAN?

Ah! vous dirai-je, maman,
Ce qui cause mon tourment?
Depuis que j'ai vu Silvandre
Me regarder d'un air tendre,
Mon cœur dit à tout moment:
Peut-on vivre sans amant?

L'autre jour dans un bosquet,
De fleurs il fit un bouquet,
Il en para ma houlette,
Me disant: « Belle brunette,
Flore est moins belle que toi,
L'Amour moins tendre que moi.

« Étant faite pour charmer,
Il faut plaire, il faut aimer.
C'est au printemps de son âge
Qu'il est dit que l'on s'engage;
Si vous tardez plus longtemps,
On regrette ces moments. »

Je rougis et, par malheur,
Un soupir trahit mon cœur;
Silvandre, en amant habile,
Ne joua pas l'imbécile :
Je veux fuir, il ne veut pas :
Jugez de mon embarras.

Je fis semblant d'avoir peur,
Je m'échappai par bonheur,
J'eus recours à la retraite.
Mais quelle peine secrète
Se mêle dans mon espoir,
Si je ne puis le revoir.

Bergères de ce hameau,
N'aimez que votre troupeau,
Un berger, prenez-y garde,
S'il vous aime, vous regarde,
Et s'exprime tendrement,
Peut vous causer du tourment.

LA BARQUE A CARON.

Ah! que l'amour est agréable!
Il est de toutes les saisons :
Un bon bourgeois dans sa maison,
Le dos au feu, le ventre à table,
Un bon bourgeois dans sa maison
Caressait un jeune tendron.

Bacchus sera mon capitaine,
Vénus sera mon lieutenant,
Le rôtisseur mon commandant,
Le fournisseur mon porte-enseigne,
Ma bandoulière de boudins,
Mon fourniment rempli de vins.

Quand nous serons dans l'autre monde,
Adieu plaisirs, adieu repas;
Sachez bien que nous n'aurons pas
D'aussi bon vin dans l'autre monde;
Nous serons quittes d'embarras,
Un' fois partis dans ces lieux bas.

Après ma mort, chers camarades,
Vous placerez dans mon tombeau
Un petit broc de vin nouveau,
Un saucisson, une salade,
Une bouteille de mâcon,
Pour passer la barque à Caron.

LES AMOURETTES.

Vivent les fillettes,
Mais pour un seul jour :
J'ai des amourettes
Et n'ai point d'amour.

Hier pour Céphise
Je quittai Doris ;
Aujourd'hui c'est Lise,
A demain Cloris.
Vivent les fillettes, etc.

J'aime fort ma belle
Lorsqu'il m'en souvient ;

Je lui suis fidèle
Quand son tour revient.
Vivent les fillettes, etc.

On entre au bocage,
Le plaisir vous suit.
On rentre au village,
Eh bien ! tout est dit.

Vivent les fillettes,
Mais pour un seul jour ;
J'ai des amourettes
Et n'ai point d'amour.
BERQUIN.

LES SOUHAITS.

Que ne suis-je la fougère
Où, sur le soir d'un beau jour,
Se repose ma bergère
Sous la garde de l'Amour !
Que ne suis-je le Zéphire

Qui rafraîchit ses appas,
L'air que sa bouche respire,
La fleur qui naît sous ses pas!

Que ne suis-je l'onde pure
Qui la reçoit dans son sein!
Que ne suis-je la parure
Qui la couvre après le bain!
Que ne suis-je cette glace
Où son portrait répété
Offre à nos yeux une grâce
Qui sourit à la beauté!

Que ne suis-je l'oiseau tendre
Dont le ramage est si doux,
Qui lui-même vient l'entendre,
Et mourir à ses genoux!
Que ne suis-je le caprice
Qui caresse son désir,
Et lui porte en sacrifice
L'attrait d'un nouveau plaisir!

Que ne puis-je par un songe
Tenir son cœur enchanté!
Que ne puis je du mensonge

Passer à la vérité !
Les dieux qui m'ont donné l'être
M'ont fait trop ambitieux,
Car enfin je voudrais être
Tout ce qui plaît à ses yeux.

RIBOUTTE.

LA NUIT,
QUAND J'PENSE A JEANNETTE.

La nuit, quand j'pense à Jeannette,
On dirait qu' j'ons des cousins :
J'fons des sauts dans ma couchette
A réveiller les voisins.
Comm' le battant d'une horloge
Mon cœur va toujours trottant ;
Comm' un chevreau hors d'sa loge,
Mon pouls va toujours sautant.

J'sentons, quand j'voyons Jeannette
Du plaisir et du chagrin ;
J'ne savons c'que je souhaite.
Mais le désir va son train.

Des que j'l'aperçois je grille,
Ça m'fait perdre la raison ;
Les yeux tant doux d'une fille
Auraient-ils quelque poison ?

Je nous j'tons dans la rivière,
Et j'n'y restons pas pour peu ;
J'buvons de la belle eau claire,
Pour apaiser ce grand feu.
Je mettons dans not' salade
Des herbes de tout' façons ;
J'n'en sommes pas moins malade ;
Ces r'mèd'-là sont pourtant bons !

ANONYME.

GENTILLE BOULANGÈRE.

Gentille boulangère,
Qui des dons de Cérès
Sais, d'une main légère,
Nous faire du pain frais ;
Des biens que tu nous livres
Peut-on se réjouir ?

Si ta main nous fait vivre,
Tes yeux nous font mourir.

De ta peau douce et fine
Qu'on aime la fraîcheur!
C'est la fleur de farine
Dans toute sa blancheur.
Qu'on aime la tournure
Des petits pains au lait
Que la belle nature
A mis dans ton corset!

De tes pains, ma mignonne,
L'Amour a toujours faim :
Si tu ne les lui donne,
Permets-en le larcin.
Mais tu ne veux l'entendre,
Tu ris de ses helas!
Quand on vend du pain tendre,
Pourquoi ne l'être pas?

D'une si bonne pâte
Ton cœur semble pétri!
De mes maux, jeune Agathe,
Qu'il soit donc attendri!

Ne sois pas si sévère,
Écoute enfin l'Amour,
Et permets-lui, ma chère,
D'aller cuire à ton four.

Le duc DE NIVERNAIS.

LA FÊTE DES BONNES GENS

L'amitié vive et pure
Donne ici des plaisirs vrais ;
C'est la simple nature
Qui pour nous en fait les frais.
Gaîté franche, amour honnête,
Ramènent le bon vieux temps.
Chez nous c'est encor la fête,
La fête des bonnes gens.

Chez nous le mariage
N'est que l'accord de deux cœurs.
D'un si doux esclavage
Les nœuds sont tissus de fleurs.
Du bonheur on est au faîte,
Sitôt qu'on a des enfants.

En famille on fait la fête,
La fête des bonnes gens.

La bergère sévère
Prend gaîment le verre en main;
L'amour au fond du verre
Se glisse et passe en son sein.
Pour l'amant, quelle conquête!
Tous deux en sont plus charmants.
L'amour embellit la fête,
La fête des bonnes gens.

Par de grands airs tragiques
A la ville on attendrit,
Par des concerts rustiques
Au village on réjouit.
Sans vous fatiguer la tête
Par des accords trop savants,
Venez tous rire à la fête,
La fête des bonnes gens.

LOURDET DE SANTERRE.

LA MARMOTTE EN VIE.

J'ai quitté la montagne
Où jadis je naquis,
Pour courir la campagne
Et venir à Paris.
Ah! voyez donc la marmotte,
La marmotte en vie.
Donnez queuqu' chose à Javotte
Pour sa marmotte en vie.
Ah! voulez-vous voir la marmotte,
La marmotte en vie;
Ah! donnez queuqu' chose à Javotte
Pour sa marmotte en vie.

De village en village,
Je m'en allai tout droit,
Portant petit bagage,
Criant dans chaque endroit:
« Ah! voyez donc la marmotte,
La marmotte en vie.

Donnez queuqu' chose à Javotte
　Pour sa marmotte en vie;
Ah! voulez-vous voir la marmotte,
　La marmotte en vie;
Ah! donnez queuqu' chose à Javotte
　Pour sa marmotte en vie. »

Quand j'fus à la barrière,
Un commis m'arrêta,
M'disant : « Jeune étrangère,
Que portez-vous donc là?
— Ah! monsieur, c'est la marmotte
　La marmotte en vie.
Donnez queuqu' chose à Javotte
　Pour sa marmotte en vie;
Ah! voulez-vous voir la marmotte,
　La marmotte en vie;
Ah! donnez queuqu' chose à Javotte
　Pour sa marmotte en vie.

— Passez, la jeune fille,
Avec ce petit bien;
Quand on est si gentille,
Au roi l'on ne doit rien.

Allez crier la marmotte,
La marmotte en vie.
D'mandez queuqu' chose pour Javotte,
Pour sa marmotte en vie. »
Ah! voulez-vous voir la marmotte,
La marmotte en vie;
Ah! donnez queuqu' chose à Javotte
Pour sa marmotte en vie.

DUCRAY-DUMINIL.

CADET ROUSSELLE.

Cadet Rousselle a trois maisons
Qui n'ont ni poutres ni chevrons,
C'est pour loger les hirondelles.
Que direz-vous d'Cadet Rousselle?
  Ah! ah! ah! mais vraiment,
Cadet Rousselle est bon enfant.

Cadet Rousselle a trois habits,
Deux jaunes, l'autre en papier gris;
Il met celui-la quand il gèle,
Ou quand il pleut et quand il grêle
  Ah! ah! ah! mais vraiment,
Cadet Rousselle est bon enfant.

CHANSONS.

Cadet Rousselle a trois chapeaux ;
Les deux ronds ne sont pas très-beaux,
Et le troisième est à deux cornes :
De sa tête il a pris la forme
   Ah! ah! ah! mais vraiment,
Cadet Rousselle est bon enfant.

Cadet Rousselle a trois beaux yeux :
L'un r'garde à Caen, l'autre à Bayeux ;
Comme il n'a pas la vu' bien nette,
Le troisième, c'est sa lorgnette.
   Ah! ah! ah! mais vraiment,
Cadet Rousselle est bon enfant.

Cadet Rousselle a une épée,
Très-longue, mais toute rouillée ·
On dit qu'ell' est encor pucelle,
C'est pour fair' peur aux hirondelles.
   Ah! ah! ah! mais vraiment,
Cadet Rousselle est bon enfant.

Cadet Rousselle a trois souliers :
Il en met deux dans ses deux pieds,
Le troisièm' n'a pas de semelle ;
Il s'en sert pour chausser sa belle.

Ah! ah! ah! mais vraiment,
Cadet Rousselle est bon enfant.

Cadet Rousselle a trois cheveux :
Deux pour les fac's, un pour la queue;
Et quand il va voir sa maîtresse,
Il les met tous les trois en tresse.
Ah! ah! ah! mais vraiment,
Cadet Rousselle est bon enfant.

Cadet Rousselle a trois garçons.
L'un est voleur, l'autre est fripon;
Le troisième est un peu ficelle;
Il ressemble à Cadet Rousselle.
Ah! ah! ah! mais vraiment,
Cadet Rousselle est bon enfant.

Cadet Rousselle a trois gros chiens :
L'un court au lièvr', l'autre au lapin;
L'troisièm' s'enfuit quand on l'appelle,
Comm' le chien de Jean de Nivelle.
Ah! ah! ah! mais vraiment,
Cadet Rousselle est bon enfant.

Cadet Rousselle a trois beaux chats
Qui n'attrapent jamais les rats;

Le troisièm' n'a pas de prunelle,
Il monte au grenier sans chandelle.
  Ah! ah! ah! mais vraiment,
Cadet Rousselle est bon enfant.

Cadet Rousselle a marié
Ses trois filles dans trois quartiers,
Les deux premièr's ne sont pas belles,
La troisièm' n'a pas de cervelle.
  Ah! ah! ah! mais vraiment,
Cadet Rousselle est bon enfant.

Cadet Rousselle a trois deniers,
C'est pour payer ses créanciers;
Quand il a montré ses ressources,
Il les remet dedans sa bourse.
  Ah! ah! ah! mais vraiment,
Cadet Rousselle est bon enfant.

Cadet Rousséll' s'est fait acteur,
Comme Chénier s'est fait auteur;
Au café quand il jou' son rôle,
Les aveugles le trouvent drôle.
  Ah! ah! ah! mais vraiment,
Cadet Rousselle est bon enfant.

Cadet Roussell' ne mourra pas,
Car, avant de sauter le pas,
On dit qu'il apprend l'orthographe
Pour fair' lui-mêm' son épitaphe.
 Ah! ah! ah! mais vraiment,
Cadet Rousselle est bon enfant.

ANONYME.

LE BUVEUR SAVANT.

Un sot, qui veut faire l'habile,
Dit qu'en lisant il prétend tout savoir :
Un fou, qui court de ville en ville,
En voyageant dit qu'il prétend tout voir;
Et moi je dis, d'un ton plus véritable,
 Que sans sortir de table,
  Et sans avoir lu,
 Je sais tout, et j'ai tout vu,
  Lorsque j'ai bien bu.

Dans Platon ni dans Épicure,
Je ne vois pas qu'il soit bien établi

S'il est du vide en la nature,
Ou si l'espace est d'atomes rempli :
Dans un buveur la nature décide
   Qu'elle abhorre le vide ;
     Car il est certain
   Que j'abhorre un verre en main,
     Quand il n'est pas plein.

Grands philosophes, je vous blâme,
Et je veux faire un système nouveau :
   Vous avez fait résider l'âme,
L'un dans le cœur, l'autre dans le cerveau.
Savez-vous bien où la mienne s'avance,
   Pour tenir audience ?
    C'est dans mon palais
   Qu'elle juge du vin frais
    Qui coule à longs traits.

  Un nouvelliste politique,
Qui tient conseil dans la cour du palais,
  Demande au plus fat de sa clique
Si nous aurons ou la guerre ou la paix :
Moi, curieux d'une seule nouvelle,
   Lorsqu'il pleut ou qu'il gèle,
    Du soir au matin,

Je demande à mon voisin :
Aurons-nous du vin ?

L'autre jour, à l'Observatoire,
Les ennemis du tranquille sommeil
Voulurent, par malice noire,
Me faire voir des taches au soleil :
Pour les punir d'oser, dans leur tanière,
Dénigrer la lumière
D'un astre divin,
Je leur fis voir que leur vin
N'était pas clair-fin.

Un usurier, de son grimoire,
Par son calcul tâchant de m'affronter,
Toute la nuit compte sans boire ;
Moi, je la passe à boire sans compter.
A me tromper je mets toute ma gloire.
Je prends plaisir à croire,
Comptant par mes doigts,
Que je n'ai bu qu'une fois,
Quand j'en ai bu trois.

De ceux qui vivent dans l'histoire,
Ma foi, jamais je n'envîrai le sort ;

Nargue du temple de Mémoire,
Où l'on ne vit que lorsque l'on est mort.
J'aime bien mieux, avec une Sylvie,
Boire pendant ma vie ;
Car je sentirai
Les moments que je vivrai,
Tant que je boirai.

DUFRESNY.

JE M'EN MOQUE

COMME DE COLIN-TAMPON.

Air : *Dans la paix et l'innocence.*

A quoi bon grossir la liste
De nos frondeurs ennuyeux ?
Tout prévoir, c'est un peu triste ;
Rire de tout vaut bien mieux.
Que l'univers se disloque
Comme un vase du Japon,

En attendant *je m'en moque*
Comme de Colin-Tampon. (*Bis.*)

Nargue du triste Héraclite
Qui toujours se lamentait!
Que j'aime ce Démocrite
Qui gaîment lui répétait :
Sur ce monde qui te choque,
Hélas ! mon pauvre garçon,
Tu pleures ! moi, *je m'en moque*
Comme de Colin-Tampon.

Damis en vain près d'Estelle
Soupire comme un Colin;
Il faut pour plaire à la belle
Être bien riche ou bien fin :
Au plus aimable colloque
Froidement elle répond :
Des Colins, moi, *je me moque*
Comme de Colin-Tampon.

Cherchant partout un suffrage,
Un auteur bien suffisant
Pour lire un nouvel ouvrage
Trouve un cercle complaisant :

Mais le public, qui révoque
Les jugements du salon,
Dit en sifflant : *Je m'en moque
Comme de Colin-Tampon.*

« Ici-bas rien né m'étonne, »
Disait monsieur dé Pibrac ;
« Il faut voir sur la Garonne
« Mon beau domaine dé Crac !
« Paris n'est qu'uné bicoque ;
« Lé moindre château gascon
« Dé votre Louvre sé *moque*
« *Comme dé Colin-Tampon.* »

Qu'on célèbre le champagne,
Le pomard, le chambertin ;
Qu'on vante le vin d'Espagne,
Le vin de Beaune ou du Rhin :
Pour moi, lorsqu'on me provoque,
Le meilleur est assez bon ;
Quant à son nom, *je m'en moque
Comme de Colin-Tampon.*

Lorsque la vilaine Parque
M'aura dit : Fais ton paquet,

Je veux, jusque dans la barque,
Lui rabattre son caquet ;
Je chanterai : Ma défroque
N'est pas celle d'un capon,
Et des Parques *je me moque
Comme de Colin-Tampon.*

ANTIGNAC.

MORALITÉ.

Air *du Bouffe et du Tailleur.*

Enfants de la folie,
    Chantons ;
Sur les maux de la vie
    Glissons ;
Plaisir jamais ne coûte
    De pleurs.
Il sème notre route
    De fleurs.

Oui, portons son délire
    Partout,..
Le bonheur est de rire
    De tout;
Pour être aimé des belles,
    Aimons;
Un beau jour changent-elles,
    Changeons.

Déjà l'hiver de l'âge
    Accourt;
Profitons d'un passage
    Si court;
L'avenir peut-il être
    Certain?
Nous finirons peut-être
    Demain.

LE CODE ÉPICURIEN.

AIR : *Quand Biron voulut danser.*

ARTICLE PREMIER.

Santé, joie, *et cœtera*, } *Bis.*
A qui ces statuts lira : }
C'est du divin Épicure
La morale toute pure,
   Et remise à neuf
   Pour mil huit cent neuf *. } *Bis.*

ART. II.

Ordre à tout épicurien
De ne s'affliger de rien ;
Fils heureux de la Folie,
Rien n'aura droit, dans la vie,
   De le chagriner
   Qu'un mauvais dîner.

* Epoque où cette chanson a été faite.

ART. III.

Dès que son printemps viendra,
L'épicurien aimera,
Mais jamais d'ardeur fidèle,
Attendu que chaque belle
   Doit, en fait d'amour,
   Réclamer son tour.

ART. IV.

Lui défendons toutefois
De changer avant un mois;
Et si la Parque traîtresse
Vient lui ravir sa maîtresse,
   Il la pleurera...
   Le moins qu'il pourra.

ART. V.

S'il naît de ce doux lien
Un petit épicurien,
De peur qu'il ne dégénère
Des qualités de son père,

Ordre à l'innocent
De boire en naissant.

ART. VI.

L'épicurien des autels
Fuira les nœuds *éternels*,
Attendu que ce qu'on aime
Ne peut, fût-ce Vénus même,
   Paraître charmant
  Éternellement.

ART. VII.

D'une femme quand l'époux
Sera quinteux et jaloux,
L'épicurien de la belle
Embrassera la querelle,
   Et la vengera
  Le mieux qu'il pourra.

ART. VIII.

Ordonnons que, le matin,
Quiconque aura soif ou faim
Se contente d'une pinte

Et d'un jambonneau, de crainte
   Que le déjeuner
   Ne nuise au dîner.

ART. IX.

S'il se trouvait un voisin
A la jalousie enclin,
Il sera réputé traître ;
Mais nous lui permettrons d'être
   Jaloux de celui
   Qui boit plus que lui.

ART. X.

L'épicurien qu'un censeur
Blâmera d'être buveur,
A son style maigre et fade
Jugeant son esprit malade,
   Doit, par charité,
   Boire à sa santé.

ART. XI.

Entre frères, tout cartel
Étant vil et criminel,

De nous déclarons indignes
Et repoussons de nos vignes
  Ceux qui, de leur plein gré,
  Iraient sur le pré.

ART. XII.

L'épicurien se dira,
Quand sa tête blanchira :
« Dois-je à l'heureuse jeunesse
Reprocher sa folle ivresse ?
  Ne crions pas tant,
  J'en ai fait autant.

ART. XIII.

Quand son heure sonnera,
Sur sa tombe on inscrira :
Ci-gît un fils d'Épicure,
Qui, malgré dame Nature.
  Certe, aurait vécu
  Plus... s'il avait pu.

ART. XIV.

Fait au temple où, chaque jour,
Épicure tient sa cour ;

Publié ce vingt décembre,
Au banquet de la grand'chambre,
Par-devant Comus,
Bacchus et Momus.

L'ORIGINAL SANS COPIE.

Air : *Bon! bon, mariez-vous.*

Feu, feu
Monsieur Mathieu
Était un singulier homme ;
Feu, feu
Monsieur Mathieu
Était comme
On en voit peu.

Quoique maître d'un grand bien,
Et de famille fort bonne,
Il faisait souvent l'aumône,
Et ne devait jamais rien.
  Feu, feu, etc.

D'un habit de camelot
Il avait pris la coutume,
Prétendant que le costume
Ne prouve pas ce qu'on vaut.
  Feu, feu, etc.

Au joug de l'hymen soumis,
On l'a vu, du fond de l'âme,
Toujours préférer sa femme
A celles de ses amis.
  Feu, feu, etc.

Enchanté de voir grandir.
Ses trois garçons et sa fille,
Il promenait sa famille
Sans bâiller et sans rougir.
  Feu, feu, etc.

Il bravait avec mépris
Nos usages et nos modes,
Et c'était aux plus commodes
Que mon sot donnait le prix.
  Feu, feu, etc.

On le vit, lorsque des ans
Le poids vint courber sa tête,

A la *titus* la mieux faite
Préférer ses cheveux blancs.
  Feu, feu, etc.

Il s'avisa de rimer
Des morceaux dignes d'envie,
Et notre auteur, de sa vie,
N'osa se faire imprimer.
  Feu, feu, etc.

A la faveur comme au rang
Il croyait que le mérite
Devait conduire plus vite
Que l'apostille d'un grand.
  Feu, feu, etc.

Un jour on lui proposa
Un emploi considérable,
Et s'en jugeant incapable,
Sans regret il refusa.
  Feu feu, etc.

Jamais ce fou, s'il en fut,
Ne voulut faire antichambre,

Pour obtenir d'être membre
Du beau corps de l'Institut.
            Feu, feu, etc.

Aux honneurs il fut admis
Par je ne sais quel miracle;
Et jamais sur le pinacle
Il n'oublia ses amis.
            Feu, feu, etc.

Eh bien! on le chérissait;
Et malgré ses faux systèmes,
Il fut pleuré par ceux mêmes
Que sa mort enrichissait.

        Feu, feu
    Monsieur Mathieu
Était un singulier homme;
        Feu, feu
    Monsieur Mathieu
        Était comme
    On en voit peu.

L'HOMME CONTENT DE TOUT

ou

L'OPTIMISTE.

Air : *Et voilà comme l'homme.*

Mortels qui maudissez le sort,
Que vous ayez raison ou tort,
Venez me voir dans ma chambrette,
Du vrai bonheur j'ai la recette ;
Et vous direz en me quittant :
    Oui, voilà comme
        L'homme
    Est toujours content.

Dans un bien modeste séjour,
Vivant, hélas ! au jour le jour,
Je n'ai de bien que l'espérance,
Mais pour m'en consoler, je pense
A ceux qui n'en ont pas autant.
    Et voilà comme, etc.

J'entends les gens se désoler
En voyant le temps s'envoler;
Et moi, tous les ans je répète :
« Un an de plus est sur ma tête,
Mais mon vin a vieilli d'autant. »
    Et voilà comme, etc.

Pour ma fortune ai-je conçu
Un plan qui se trouve déçu,
Je pense qu'une banqueroute,
Du peu que j'ai m'aurait sans doute
Bientôt enlevé le restant...
    Et voilà comme, etc.

La foudre a-t-elle ravagé
Les blés et les vignes que j'ai,
Je me dis : « Si sa rage extrême
M'eût, par malheur, frappé moi-même,
Je serais bien plus mal portant... »
    Et voilà comme, etc.

Roc a soixante mille écus;
Mais il a soixante ans et plus;
Moi, je suis fier, dans ma détresse,

De pouvoir, près d'une maîtresse,
Bien mieux que lui payer comptant...
   Et voilà comme, etc.

Suis-je trahi dans mon amour,
Bien loin de détester le jour,
De mes serments me voyant quitte,
Je cours, du tendron qui me quitte,
A la bouteille qui m'attend...
   Et voilà comme, etc.

Le beau temps enchante mes yeux...
Pleut-il, la vigne en viendra mieux;
S'il gèle, à table je dévore;
Dégèle-t-il : « Bon ! dis-je encore,
Bon ! l'hiver n'a plus qu'un instant... »
   Et voilà comme, etc.

Un rhumatisme me survient,
Et dans mon lit il me retient :
« Fort bien, me dis-je, plus d'affaire !
Plus de sotte visite à faire !...
Je puis respirer un instant...
   Et voilà comme, etc.

S'il me fallait mourir demain,
Je m'écrîrais, le verre en main :
« Vive le trépas! car peut-être
M'épargne-t-il le malheur d'être
Goutteux, hypocondre, impotent...
    Et voilà comme
        L'homme
    Est toujours content.

LE PRINTEMPS.

Air : *Vivent les fillettes.*

Garçons et fillettes.
Voici les beaux jours;
Enflez vos musettes.
Chantez les amours.

La feuille légère
Promet la fraîcheur;
Plus bas, la fougère
Promet le bonheur.
Garçons et fillettes, etc.

Grâce aux feux de l'âge,
Aux feux du midi,
Colette est moins sage,
Colin plus hardi...
Garçons et fillettes, etc.

Le Zéphyr entr'ouvre
D'un souffle indiscret
Le voile qui couvre
Un trésor secret...
Garçons et fillettes, etc.

Agnès se colore
D'un feu que ses sens
Ignoraient encore
Au dernier printemps.
Garçons et fillettes, etc.

Le lis et la rose
Ornent à la fois
Le boudoir de Rose
Et son gai minois.
Garçons et fillettes, etc.

Bravant une gêne
Dont il se lassait.
Le cœur rompt sa chaîne,
Le sein son lacet.
Garçons et fillettes, etc.

Saison douce et chère,
Ton charme puissant
Rajeunit la mère
Et mûrit l'enfant.
Garçons et fillettes, etc.

Le vieillard éprouve
Un désir joyeux;
Le mari retrouve
Sa force et ses feux.
Garçons et fillettes, etc.

L'épouse féconde
Lance avec orgueil
Sur sa taille ronde
Un secret coup d'œil.
Garçons et fillettes, etc.

L'onde qui murmure,
L'agneau qui bondit,
Le ciel qui s'épure,
Tout enfin vous dit :
Garçons et fillettes, etc.

Chaque heure sonnée
Conduit à ce temps
Où pour vous l'année
N'a plus de printemps.

Garçons et fillettes,
Voici les b aux jours ;
Enflez vos musettes,
Chantez les amours.

JOUISSONS
DU TEMPS PRÉSENT.

RONDE DE TABLE.

Nous n'avons qu'un temps à vivre,
Amis, passons-le gaîment :
De tout ce qui peut le suivre
N'ayons jamais aucun tourment.

A quoi sert d'apprendre l'histoire ?
N'est-ce pas la même partout?
Apprenons seulement à boire;
Quand on sait bien boire, on sait tout.
    Nous n'avons, etc.

Qu'un tel soit général d'armée,
Que l'Anglais succombe sous lui;
Mais moi, qui suis sans renommée,
Je ne veux vaincre que l'ennui.
    Nous n'avons, etc.

CHANSONS.

A courir sur terre et sur l'onde,
On perd trop de temps en chemin;
Faisons plutôt tourner le monde,
Par l'effet de ce jus divin.
   Nous n'avons, etc.

Qu'un savant cherchant les planètes
Occupe son plus beau loisir;
Je n'ai pas besoin de lunettes
Pour apercevoir le plaisir.
   Nous n'avons, etc.

Qu'un avide chimiste exhale
Sa fortune en cherchant de l'or;
J'ai ma pierre philosophale
Dans un cœur qui fait mon trésor.
   Nous n'avons, etc.

Au grec, à l'hébreu je renonce;
Ma maîtresse entend le français;
Sitôt qu'à boire je prononce,
Elle me verse du vin frais.
   Nous n'avons, etc.

               BONNEVAL.

SYSTÈME D'ÉPICURE.

Vous qui du vulgaire stupide
Voulez écarter le bandeau,
Prenez Épicure pour guide
Et la nature pour flambeau :
Qu'accompagné de ta tendresse,
L'amour soit fils du sentiment;
Et que Bacchus, laissant l'ivresse,
Ne garde que son enjouement.

La nature prudente et sage
N'a jamais rien produit en vain :
Nos sens ont chacun leur usage,
Et nous devons tendre à leur fin.
Pour nous l'enseigner, la nature
Nous a fait présent du désir :
Suivons sa route toujours sûre,
Nous arriverons au plaisir

Mais le plaisir cesse de l'être
Quand il cesse d'être goûté :
La débauche ne peut paraître

Sans faire fuir la volupté.
Qu'accompagné de la tendresse
L'amour soit fils du sentiment,
Et que Bacchus, laissant l'ivresse,
N'ait avec lui que l'enjouement.

Ton cœur est épris de Thémire,
Thémire est sensible à son tour :
Tous deux, dans un commun délire,
Cueillez les roses de l'amour :
A servir de si douces flammes
Employez l'été de vos ans,
Et que l'ivresse de vos âmes
Se joigne à celle de vos sens.

Que les ardeurs de la jeunesse
Se tempèrent avec Vénus;
Que les glaces de la vieillesse
Se réchauffent avec Bacchus.
Jouissons d'un instant qui passe;
Il va, malgré nous, s'envoler.
Remplissons-en du moins l'espace,
Ne pouvant pas le reculer.

SAUFIN.

UNE CARESSE.

Pour ranimer le sentiment
Rien de plus doux qu'une caresse,
Douce caresse est un aimant
Pour l'amitié, pour la tendresse.
Dans l'enfance et dans l'âge mûr,
Même jusque dans la vieillesse,
Si le cœur goûte un plaisir pur,
Il est l'effet d'une caresse.

Les frères caressent leurs sœurs;
La fille caresse sa mère :
Le zéphyr caresse les fleurs,
Dorilas caresse Glycère.
Voyez les ramiers dans les bois,
S'aimer, se caresser sans cesse;
Partout l'amour dicte ses lois;
Dans l'univers tout se caresse.

Quelquefois des soupçons jaloux
Troublent la paix d'un bon ménage,
Et l'on voit entre deux époux
S'élever un sombre nuage.

L'orage avant la fin du jour
Est dissipé par la tendresse,
Et la colère de l'amour
S'apaise par une caresse.

Dans nos plaisirs, dans nos amours.
D'Anacréon suivons les traces ;
Comme lui caressons toujours
Bacchus, les Muses et les Grâces.
Du temps qui fuit sachons jouir.
Bonheur d'aimer passe richesse.
Jusqu'a notre dernier soupir
Rendons caresse pour caresse.

FAVART.

LE POUR ET LE CONTRE.

Air : *Ah! le bel oiseau, maman.*

Mourons, mes amis, mourons,
    Dans la vie
    Tout ennuie ;
Mourons, mes amis, mourons.
Le plus tôt que nous pourrons.

Venir au monde tout nu,
Rêver ou fortune ou gloire,
Partir comme on est venu,
Voilà toute notre histoire...
  Mourons, etc.

Cependant bon appétit,
Bonne cave, bonne chère,
Bonne fortune et bon lit
Ne se trouvent que sur terre...
Vivons, mes amis, vivons,
  Fuir la vie,
  C'est folie,
Vivons, mes amis, vivons,
Deux cents ans si nous pouvons.

Mais la vie est un jardin
Où l'homme, épris d'une rose,
N'y peut toucher que soudain
Un peu de sang ne l'arrose.
  Mourons, etc.

Mais, hélas! si nous mourons,
De vingt minois pleins de charmes.

CHANSONS.

Les yeux que nous adorons
Vont s'éteindre dans les larmes...
    Vivons, etc.

Mais si nous vivons, hélas!
Nous risquons de voir nos belles,
Tôt ou tard, en d'autres bras
Porter leurs flammes fidèles..
    Mourons, etc.

Eh quoi! mourir dans leurs fers?
Elles seraient trop contentes...
Et croyons-nous aux enfers
En trouver de plus constantes?
    Vivons, etc.

Là-bas, pourtant, nous verrions
Les Racines, les Molières,
Les Panards, les Crébillons,
Qu'ici nous ne voyons guères...
    Mourons, etc.

Ce parti, fort bon d'ailleurs,
N'est pourtant pas des plus sages...

Nous verrions ces grands auteurs,
Mais verrions-nous leurs ouvrages?
  Vivons, etc.

Mais un maudit charlatan,
Suivant la mode commune,
Peut, avant qu'il soit un an,
Nous tuer dix fois pour une...
  Mourons, etc.

Mais au ténébreux manoir,
Quand par miracle on échappe,
Il est si doux de revoir
L'épi, la rose et la grappe!
  Vivons, etc.

Mais ces trésors de nos champs,
Jusques au plus faible arbuste,
Fleurissent pour les méchants
Aussi bien que pour le juste.
  Mourons, etc.

Mais puisqu'à tous ces abus
Le ciel opposa sur terre

Le champagne et les vertus.
Les talents et le madère,
    Vivons, etc.

Deux cents ans sont un peu longs!
A cet âge rien ne tente...
Mais sitôt que nous aurons
De cent vingt-cinq à cent trente...
Mourons, mes amis, mourons,
    Dans la vie
    Tout ennuie;
Mourons, mes amis, mourons
Le plus *tard* que nous pourrons.

DÉSAUGIERS.

CHACUN AVEC MOI L'AVOUERA

Chacun avec moi l'avouera,
Entre les fleurs fraîches écloses,
C'est parce que l'épine est là
Qu'on nous voit préférer les roses.

Soi-même on cherche l'embarras ;
Un bien aisé ne nous plaît guère :
On veut avoir ce qu'on n'a pas,
Et ce qu'on a cesse de plaire.

Je suis le maître de choisir
Parmi les filles du village ;
Ne vois-je pas vers moi courir
Et la plus belle et la plus sage.
Toutes me voudraient dans leurs lacs :
Mais, par un sentiment contraire,
Je cours vers ce que je n'ai pas,
Et ce que j'ai ne peut me plaire.

Je le sais, chez tous les époux
Tel est l'effet du mariage ;
L'ennui se glisse parmi nous
Au sein du plus heureux ménage.
Notre femme a beaucoup d'appas,
Celle du voisin n'en a guère ;
Mais on aime ce qu'on n'a pas,
Et ce qu'on a cesse de plaire.

PLUS DE POLITIQUE.

Air de la *Treille de sincerité*.

Peuple français, la politique
T'a jusqu'ici trop attristé ;
Rappelle ta légèreté,
    Ton antique
    Joyeuseté.

Souviens-toi de ce temps aimable,
Où, libre de soins importants,
Entre le boudoir et la table
Tu partageais tous tes instants : *(Bis.)*
Oubliait-on alors en France
Un banquet pour un tribunal,
Un concert pour une séance,
Un billet doux pour un journal ?
    Peuple français, etc.

Tes hauts faits, ta noble vaillance
Assez longtemps ont attesté

Que ta patrie était la France ;
Atteste-le par ta gaîté ;
Qu'enfin Momus de son empire
Retrouve en toi le vieil ami,
Et songe bien que ne pas rire
C'est n'être Français qu'à demi...
  Peuple français, etc.

A jouir quand tout te convie,
Quand le plaisir te tend les bras,
Insensé ! tu passes ta vie
A chercher comment tu vivras !
Cesse des plaintes impuissantes ;
Pourquoi perdre en vœux superflus,
En peines toujours renaissantes,
Des jours qui ne renaîtront plus !
  Peuple français, etc.

Qu'as-tu fait de ce gai délire
Qu'enviait ton sombre voisin ?
Reprends tes grelots et ta lyre,
Chante le myrte et le raisin.
Fidèle appui de la couronne,
Obéis gaîment à ses lois,

Et bois, quand vient le jus d'automne,
Au pays à qui tu le dois...
   Peuple français, etc.

Heureux tant que tu fus frivole,
Laisse, au lieu de te tourmenter,
Au gré de Neptune et d'Éole
Le vaisseau de l'État flotter ;
Et tandis qu'un pilote habile
Le défendra des coups du sort,
Contente-toi, sage et tranquille,
De mener ta barque à bon port.
   Peuple français, etc.

La beauté fidèle ou légère
Sut toujours enflammer tes sens,
Le bon vin sut toujours te plaire,
Toujours la gloire eut ton encens :
Chaque année offre à ton ivresse
Treilles, lauriers, myrtes, appas...
Sous un ciel qui te rit sans cesse
Pourquoi donc ne rirais-tu pas ?
Peuple français, la politique
T'a jusqu'ici trop attristé,

Rappelle ta légèreté,
    Ton antique
    Joyeuseté.

L'ÉPICURIEN

ENTRE DEUX AGES.

Air : *Tonton, tonton, tontaine, tonton.*

C'en est donc fait ! j'ai des folies
Passé la trop courte saison,
  A moi (*bis*), carafe et raison !
Mais je veux aux femmes jolies
Boire au moins un dernier flacon ;
  A moi, bouteille et chanson.

L'âge m'arrachant aux grisettes,
M'unit à la dame de grand ton ;
  A moi (*bis*), carafe et raison !
Mais j'étais prisonnier pour dettes,

L'hymen a payé ma rançon;
A moi, bouteille et chanson!

Voilà que ma petite Estelle
Vient me répéter sa leçon,
 A moi (*bis*), carafe et raison!
J'entends sa mère qui l'appelle,
Je vois entrer un bon garçon;
 A moi, bouteille et chanson!

Une place des plus flatteuses
Me vaut des ennuis à foison!
 A moi (*bis*), carafe et raison!
Mais d'aimables solliciteuses
Le matin cernent ma maison;
 A moi, bouteille et chanson!

Hai! hai! hai! la goutte ennemie
Vient m'ordonner l'eau pour boisson,
 A moi (*bis*), carafe et raison!
La voilà, je crois, endormie...
Adieu, tisane, adieu, poison;
 A moi, bouteille et chanson!

L'heure à mon poste me rappelle,
Il faut regagner ma prison,
 A moi (*bis*), carafe et raison!
Mais en route un ami fidèle
M'invite à monter chez Grignon,
 A moi, bouteille et chanson!

Sur moi pourtant prompt à descendre,
L'hiver déjà me rend grison,
 A moi (*bis*), carafe et raison!
Que dis-je? ah! plutôt pour défendre
Mes sens de son triste frisson,
 A moi, bouteille et chanson!

Gilbert fut vieux dans sa jeunesse,
Pour avoir dit, nouveau Caton :
 A moi (*bis*), carafe et raison!
Laujon fut jeune en sa vieillesse,
Pour avoir dit, nouveau Piron :
 A moi, bouteille et chanson!

Tristes pédants que rien n'enivre,
Chantez d'un débile poumon :
 A moi (*bis*), carafe et raison!

Moi, je chante, ne pouvant vivre
Sans un gouglou, sans un flonflon :
  A moi, bouteille et chanson !

A quatre-vingt-dix ans peut-être,
J'entonnerai cette oraison :
  A moi (*bis*), carafe et raison !
Jusque-là, Bacchus, sois mon maître,
Et toi, Momus, mon échanson...
  A moi, bouteille et chanson !

LES INCONVÉNIENTS

DE LA FORTUNE.

Air : *Adieu, paniers, vendanges sont faites.*

Depuis que j'ai touché le faîte
Et du luxe et de la grandeur,
J'ai perdu ma joyeuse humeur :
    Adieu, bonheur ! (*Bis*)

Je bâille comme un grand seigneur...
    Adieu, bonheur!
    Ma fortune est faite.

Le jour, la nuit, je m'inquiète :
La chicane et tous ses suppôts
Chez moi fondent à tous propos;
    Adieu, repos! (*Bis.*)
Et je suis surchargé d'impôts...
    Adieu, repos!
    Ma fortune est faite.

Toi dont la grâce gentillette,
En me ravissant la raison,
Sut charmer ma jeune saison,
    Adieu, Suzon! (*Bis.*)
Je dois te fermer ma maison...
    Adieu, Suzon!
    Ma fortune est faite.

Plus d'appétit, plus de goguette;
Dans un carrosse empaqueté,
Je promène ma dignité,
    Adieu, gaîté! (*Bis.*)

CHANSONS. 491

Et par bon ton je prends du thé...
    Adieu, gaîté!
Ma fortune est faite.

Pour le plus léger mal de tête,
Au poids de l'or je suis traité,
J'entretiens seul la Faculté :
    Adieu, santé! (*Bis.*)
Hier, trois docteurs m'ont visité...
    Adieu, santé!
Ma fortune est faite.

Vous qui veniez dans ma chambrette
Rire et boire avec vos tendrons,
Qui souvent en sortiez si ronds,
    Adieu, lurons! (*Bis.*)
Quand je serai gueux, nous rirons...
    Adieu, lurons!
Ma fortune est faite.

Mais je vois, en grande étiquette,
Chez moi venir ducs et barons :
Lyre, il faut suspendre tes sons:
    Adieu, chansons! (*Bis.*)

Mon suisse annonce, finissons...
  Adieu, chansons!
Ma fortune est faite.

LES BONS AMIS.

AIR *de fanfare.*

Que le plaisir nous enchante,
Qu'il soit l'âme du repas;
Que l'on boive, que l'on chante,
Oublions tous nos débats.
Avec ce jus délectable
Le chagrin n'est plus permis;
Et c'est toujours à la table
Que l'on devient bons amis.

C'est le moment du silence
Quand on sert les premiers plats,
On s'observe avec décence,
Et l'on se parle tout bas:

L'entremets rend plus aimable;
Au dessert on voit les ris.
Quand le champagne est sur table
On devient tous bons amis.

Dans un cercle, la saillie
Cause souvent du dépit;
La plus légère ironie
Est un vice de l'esprit.
Dans un repas agréable,
Tous les bons mots sont bien pris ;
La franchise règne à table :
On est toujours bons amis.

Que je sais des gens sévères
Durs et brusques le matin,
Qui le soir, au bruit des verres,
Ont un plaisir clandestin :
Leur humeur est plus affable,
Et, dans les soupers jolis,
Avec eux l'amour à table
Les rend les meilleurs amis.

Allons, gai, cher camarade,
Je t'attends le verre en main;

Il faut boire une rasade
A la santé de Catin :
Si la belle peu traitable
T'a causé de noirs soucis,
Morgué, fais-la mettre à table,
Vous deviendrez bons amis.

Blaise, barbier du village,
Pour humer le vin clairet,
Les soirs quitte son ménage,
Et chopine au cabaret :
Sa moitié, qui fait le diable,
Va l'étourdir de ses cris;
Blaise la fait mettre à table :
Ils en sortent bons amis.

FAVART.

LA TREILLE DE SINCÉRITÉ.

AIR *nouveau.*

Nous n'avons plus cette merveille,
Ce phénomène regretté,
    La treille⎫
  De sincérité.⎬ *Bis.*

Cette treille miraculeuse,
Dont la vertu tient du roman,
Passa longtemps pour fabuleuse
Chez le Gascon et le Normand ; (*Bis.*)
Mais des garants très-authentiques
Ont lu, dans un savant bouquin,
Que son raisin, des plus antiques,
Existait sous le roi Pépin...
    Nous n'avons, etc.

Un docteur qui faisait parade
De son infaillibilité,

Allant visiter un malade,
Vit le raisin, et fut tenté.
Puis, de son homme ouvrant la porte,
Et le trouvant sans pouls ni voix :
« C'est, dit-il (le diable m'emporte),
Le trentième depuis un mois. »
  Nous n'avons, etc.

Un auteur, sous son frais ombrage,
Lisant un poème fort beau,
A chaque feuille de l'ouvrage,
S'humectait d'un raisin nouveau.
« Çà, lui dit-on, un tel poème
Vous a coûté six mois et plus?...
— Non, reprit-il à l'instant même...
Il m'a coûté cinquante écus. »
  Nous n'avons, etc.

Sous la treille, un petit Pompée
Criait aux badauds étonnés :
« Dans ma vie, ah! quels coups d'épée,
Quels coups de sabre j'ai donnés !
Quels coups de fusil ! quels coups... » Zeste,
Il mord la grappe là-dessus,
Et poursuit d'un air plus modeste :

« Quels coups de bâton j'ai reçus! »
>   Nous n'avons, etc.

Au moment de donner la vie
A l'héritier de son époux,
Une jeune femme eut envie
De ce raisin si beau, si doux!...
Et le pauvre homme, ayant pour elle
Cueilli le fruit qu'elle happa :
« Que mon cousin, lui dit la belle,
Sera content d'être papa! »
>   Nous n'avons, etc.

Mais, hélas! par l'ordre du prince,
Ce raisin, justement vanté,
Un jour du fond de sa province,
Près du trône fut transplanté.
Pauvre treille, autrefois si belle,
Que venais-tu faire à la cour?
L'air en fut si malsain pour elle,
Qu'elle y mourut le premier jour.
>   Nous n'avons, etc.

LE JUSTE MILIEU.

Jouir en ce monde sans excès,
Goûter à tout avec régime,
User enfin sans abus, c'est
Du sage imiter la maxime.
N'est-ce pas ce qu'il faut à Dieu ?
Aussi c'est ma philosophie :
L'esprit en paix je m'y confie
Et je crois au juste milieu.

BELTON.

MA PHILOSOPHIE.

Bon vin, bon vin,
Quoique ton pouvoir soit divin,
Malgré toi nos jours prendront fin ;
Mais, pendant que le temps s'écoule,
Coule, bon vin, sans cesse coule :
Puisqu'on ne peut fixer nos jours,
Gardons-nous de fixer ton cours.

Bon sens, bon sens,
Te chercher parmi les savants,
C'est perdre son huile et son temps.
O toi! qui pâlis sur ta lampe,
Lampe du vin, sans cesse lampe !
Jurisconsulte ou médecin,
Puise ton savoir dans le vin.

Qu'entends-je? hélas !
J'ai laissé ma femme là-bas.
Quelqu'un vient, et je n'y suis pas :
Pour me cacher ce qui se passe,
Passe, bon vin, sans cesse passe !
Quand je suis ivre, je suis bien;
Mes yeux ouverts ne verront rien.

Que vois-je, ô dieux !
Quel fantôme vient à mes yeux
Mouiller ses doigts dans mon vin vieux ?
C'est la Parque qui mes jours file;
File, bon vin, doucement file.
Tant que mon bon vin durera,
Pour moi la Parque filera.

DUFRESNY.

LA MÈRE GODICHON.

Air : *Et zon, zon, zon, Lisette, ma Lisette.*

Celui-ci chante Iris,
Celui-là chante Flore ;
L'autre chante Chloris,
Un autre Eléonore.
 Et zon, zon, zon,
Mieux vaut cent fois encore
 Chanter en rond
La mère Godichon.

L'univers est si vieux,
Que ce serait chimère
De chercher les aïeux
De *Godichon la mère,*
 Et zon, zon, zon,
Les Grecs du temps d'Homère
 Chantaient en rond
La mère Godichon.

La *mère Godichon*
Fut une femme illustre,
Qu'il faut, comme *Fanchon*,
Chanter de lustre en lustre ;
  Et zon, zon, zon,
Noble, bourgeois et rustre,
    Chantez en rond
La mère Godichon.

Qu'étaient, me dira-t-on
(Croyant me faire niche),
Le papa *Godichon*
Et son cher fils *Godiche ?*
  Et zon, zon, zon,
D'eux deux, moi, je me fiche :
    Je chante en rond
La mère Godichon.

Du mot de *Gaudium*
Godichon vient sans doute,
Comme vin de *vinum*
(Sans trop changer en route),
  Et zon, zon, zon,
Buvant la *mère-goutte,*

Chantons en rond
　La mère Godichon.

　J'adorais à sept ans
　Peau-d'Ane et *mère l'Oie.*
　Combien depuis ce temps
　Ma raison se déploie !
　　Et zon, zon, zon,
　Pour me tenir en joie,
　　Je chante en rond
　La mère Godichon.

　Par maint récit trompeur,
　A la gent poitevine
　Trop longtemps on fit peur
　De la *mère Lusine,*
　　Et zon, zon, zon,
　Qu'à Niort, voisin, voisine
　　Chantent en rond
　La mère Godichon.

　La *mère-sotte* et Dieu,
　La fable et les mystères,
　Étaient sans cesse en jeu
　Dans les chants des Trouvères.

Et zon, zon, zon,
Pour nous, en fait de *mères*,
   Chantons en rond
La mère Godichon.

Bien que cette chanson
Convienne un jour de noce,
Si de l'ouïr Suzon
Montre un désir précoce,
   Et zon, zon, zon,
Qu'on la mène, en carrosse,
   Chanter en rond
La mère Godichon.

Si le bûcheron Jean,
Dont le corps déjà penche
Après la cognée... (han!)
Ne jette pas le manche,
   Et zon, zon, zon,
C'est qu'il doit, le dimanche,
   Chanter en rond
La mère Godichon.

D'avoir perdu son chat
La *mère Michel* pleure.

Après maint entrechat,
Qu'il rentre en sa demeure,
  Et zon, zon, zon,
Vous l'entendrez sur l'heure
  Chanter en rond
La mère Godichon.

Puisque au gré de Caron,
La plus triste des barques
Passe sur l'Achéron
Et sujets et monarques,
  Et zon, zon, zon,
Sachons tous faire aux Parques
  Chanter en rond
La mère Godichon.

Au surplus, chez Pluton,
Et Sénèque et Tibulle,
Et Lucrèce et Ninon,
Et Pascal et Catulle,
  Et zon, zon, zon,
Réunis sans scrupule,
  Chantent en rond
La mère Godichon.
Le chevalier DE PIIS.

BOCAGE QUE L'AURORE.

Air *de Plantade.*

Bocage que l'Aurore
Embellit de ses pleurs,
Gazons naissants que Flore
Pare de mille fleurs;
Oiseaux, tendre zéphyre,
Qui charmez mes loisirs,
Pourriez-vous bien me dire
D'où naissent mes soupirs?

Toi qui d'une onde pure
Baignes ces bords charmants,
Ruisseau, ton doux murmure
Ne calme plus mes sens;
Hélas! j'aime sans doute,
Oui, j'aime, je le sens;
C'est l'amour qui me coûte
Les pleurs que je répands.

Asile solitaire,
Je viendrai chaque jour
Te chanter ma bergère,
Mes désirs, mon amour;
Mais si d'une voix tendre
Je ne te dis son nom,
C'est de peur de l'apprendre
Aux bergers du vallon.

ANONYME

L'IVRESSE.

Air : *J'ons un curé patriote.*

Amis, je suis dans l'ivresse :
Bacchus dicte mes accents,
Jamais la froide sagesse
Ne vient engourdir mes sens.
Chez moi l'ennui, le chagrin
Sont chassés dès le matin.
    Dans le fonds
    Des flacons,
Tous mes maux vont s'engloutir ; } *Bis*
Tout s'y noie, hormis le plaisir.

De tous les biens de la terre
En m'enivrant je me ris;
Je verse à flots dans mon verre
La topaze et le rubis.
J'ai de l'or tout à mon gré
Quand mon raisin est doré,
Diamants,
Bien brillants,
Perles, cristal, ambre fin,
Tout est dans un verre de vin.

} *Bis.*

A l'ivresse de la gloire
Je préfère le repos;
Mais j'excelle à rire, à boire;
Ce sont là tous mes travaux.
Si je fais une chanson
Bacchus est mon Apollon:
Quand j'écris
Étant gris,
Je suis un rimeur divin;
Tout mon talent est dans mon vin.

} *Bis.*

Vous qui savez dans la ville
Ressusciter la gaîté,

Troubadours du Vaudeville,
Je bois à votre santé.
Voulez-vous que vos rivaux
Ne soient jamais vos égaux?
> Pour trouver,
> Sans rêver,
Bon couplet et gai refrain,
Trempez vos plumes dans le vin.

} *Bis.*

Ségur aîné.

LA SONNETTE.

Air : *D'une contredanse.*

Din din din din din din din,
   Toujours répète
    La sonnette;
On entend, tin tin tin tin,
    Soir et matin,
   Son bruit argentin.

On m'éveille dès l'aurore,
Et je vois se présenter

Un ami qui vient encore
Me flatter et m'emprunter.
    Din din din, etc.

De la sonnette sans peine
Je prouve l'utilité :
Au logis et chez Balaine
Elle est de nécessité.
    Din din din, etc.

Dame Alix, plaideuse alerte,
Près de son juge a l'accès;
Et de son honneur la perte
Lui fait gagner son procès.
    Din din din, etc.

Chez un malade en prière
Le charlatan sonne fort:
Hélas! pour le pauvre hère
C'est la cloche de la mort.
    Din din din, etc.

Voyez, chez certain critique,
Sonner l'auteur et l'acteur;

D'éloges il tient boutique,
Comme d'effets au porteur.
  Din din din, etc.

Des créanciers à la file
Sonnent chez un indigent.
Sa sonnette est plus tranquille
Quand on lui doit de l'argent.
  Din din din, etc.

Chez un Crésus apathique
Les deux battants sont ouverts
Pour un auteur famélique
Qui vient lui lire ses vers.
  Din din din, etc.

Si je passe une soirée,
Où bien tard on doit veiller,
Je vois la foule encombrée
Jouer, médire ou bâiller !
  Din din din, etc.

Pour demander un service,
Chez moi l'on s'est abonné ;

Pour me rendre un bon office,
Non, jamais on n'a sonné.
 Din din din, etc.

Quand je n'y suis pour personne,
De dîner seul j'ai le droit;
Mais on sonne, on sonne, on sonne !...
C'est un parasite adroit,
 Din din din, etc.

Moi, j'estime ma sonnette,
Lorsque, tirée à moitié,
Elle annonce en ma chambrette
L'Infortune ou l'Amitié.
Din din din din din din din,
 Toujours répète
 La sonnette;
On entend, tin tin tin tin,
 Soir et matin
 Son bruit argentin.
DUCRAY-DUMINIL.

ÇA N'SE PEUT PAS.

Air : *Un jour Lucas dans la prairie.*

L'aut' jour, Lucas, dans la prairie,
Rencontrit la fille à Thomas.
Une rose à peine fleurie
Rehaussait encor ses appas.
« De cette fleur, dit-il, la belle,
Daignais fair' présent à Lucas.
— Monsieur Lucas, répondit-elle,
    Ça n'se peut pas.

Tous les jours, ma mèr' me r'commande
De consarver ma ros' comm' tout ;
Tous les jours un chacun m'la d'mande,
Et d'l'avoir aucun n'viant à bout.
On a biau tourmenter Cécile,
Toujours en chantant je m'en vas :
Vot' poursuite est ber *inutil'*

Mais Lucas, qu'est la finess' même,
Afin d'en v'nir à son projet,
S'avisit d'un bon stratagème,
C'était l'amour qui l'inspirait.
« En don je n'vous d'mand' pas vot' rose
Prêtais-la seul'ment à Lucas.
— M'la rendrais-vous ? Sans cette clause
    Ça n'se peut pas. »

Quand on a bian envi' d'queuq' chose,
On promet plus qu'on n'saurait t'nir;
Lucas donc promet d'rendr' la rose,
Et s'met en d'voir ed' l'obtenir
Il eut d'abord un peu de peine,
Et Cécile criait : « Lucas
Lucas, vot' entreprise est vaine,
    Ça n'se peut pas ! »

Dans le corset de la bergère,
C'te chienn' ed' ros' tenait trop bian.
Lucas pourtant s'tirit d'affaire,
Et l'amour l'ian fournit l'moyan.
Cécil' de loin voit r'v'nir sa mère :
« Rendais-moi vit' ma ros', Lucas!

— Je le voudrais en vain, ma chère;
　Ça n'se peut pas. »

Si vous avez encor vos roses,
Fillettes, consarvez-les bian.
De ces fleurs, dès qu'al' sont écloses,
L'Amour est friand comme un chian.
Ce p'tit fripon d'dieu, pour les prende,
Tant que l'jour dure est sur vos pas,
Et pis quand ce vient pour les rende,
　Ça n'se peut pas.

ANONYME.

L'INVOCATION A BACCHUS.

Air : *Nous nous marierons dimanche.*

J'ai toujours, Bacchus,
　Célébré ton jus;
N'en perdons pas la coutume :
　Seconde-moi;

CHANSONS.

Que peut sans toi
  Ma plume ?
Coule à longs traits
Dans son épais
  Volume.
Viens, mon cher patron,
Sois mon Apollon ;
Viens, mon cher ami, que j't'hume.

Grâce à la liqueur
Qui lave mon cœur,
Nul souci ne me consume.
  De ce vin gris
  Que je chéris
    L'écume !
  Lorsque j'en boi,
  Quel feu chez moi
    S'allume !
Nectar enchanteur,
Tu fais mon bonheur ;
Viens, mon cher ami, que j't'hume.

Champagne divin,
Du plus noir chagrin

Tu dissipes l'amertume :
Tu sais mûrir,
Tu sais guérir
Le rhume.
Quel goût flatteur !
Ta douce odeur
Parfume :
Pour tant de bienfaits
Et pour tant d'attraits,
Viens, mon cher ami, que j't'hume.

Mars, un beau matin,
Croyant que Vulcain
Travaillait sur son enclume,
Chez la donna
Vint selon sa
Coutume :
Vulcain les voit,
Et vite il boit,
Il fume.
Sur ce digne époux
Amis, réglez-vous ;
Il faut humer comme il hume.

PANARD.

L'HOMME ACCOMMODANT.

Faut-il boire, faut-il aimer,
A tout de bon cœur je me livre;
Je me laisse aisément charmer;
Tout vin, toute beauté m'enivre.
L'homme difficile est un sot :
Trouver tout bon, c'est le bon lot.

Le champagne est mon favori,
Sa mousse me plaît dans mon verre :
Mais, au défaut de silleri,
Je bois volontiers du tonnerre.
L'homme difficile, etc.

Voulez-vous boire à petits coups ?
Eh bien ! soyons longtemps à table;
Boire à grands coups vous semble doux ?
Versez-m'en dix, et je les sable.
L'homme difficile, etc.

J'ai la même facilité
Dans tous les plaisirs de la vie,

Je prends ce qui m'est présenté
C'est Chloé, si ce n'est Sylvie.
L'homme difficile, etc.

Veut-on jouer? nommez le jeu:
Tric-trac, échecs, piquet, quadrilles?
Le choix m'en importe fort peu :
L'on me ferait jouer aux quilles.
L'homme difficile, etc.

Voulez-vous railler, disputer?
Vous pouvez choisir la matière;
Dieux et rois sont à respecter;
Liberté sur le reste entière.
L'homme difficile, etc.

J'ai peu de bien, j'en suis content ;
A moins je prendrais patience :
S'il m'en venait trois fois autant
Je me ferais à l'abondance.
L'homme difficile, etc.

Dans un seul cas il est permis
De se rendre plus difficile :

C'est dans le choix de ses amis;
Mais le choix fait, soyez facile.
L'homme difficile, etc.

LA MÈRE MICHEL
ET SON CHAT

C'est la mère Michel qui a perdu son chat.
Qui cri' par la fenêtr': qui est-c' qui lui rendra;
Et l'compèr' Lustucru qui lui a répondu :
« Allez, la mèr' Michel, vot' chat n'est pas perdu. »

C'est la mère Michel qui lui a demandé :
« Mon chat n'est pas perdu! vous l'avez donc trouvé? »
Et l'compèr' Lustucru qui lui a répondu :
« Donnez un' récompense, il vous sera rendu. »

Et la mère Michel lui dit : « C'est décidé.
Si vous rendez mon chat, vous aurez un baiser. »
Le compèr' Lustucru, qui n'en a pas voulu,
Lui dit : « Pour un lapin votre chat est vendu. »

ANONYME.

LES JEUX.

Air : *C'est aussi comm' ça que pense
Vot' p'tit serviteur.*

En jouant, la Providence
   Nous mit ici-bas,
Et du jeu pour nous la chance
   A bien des appas.
A jouer tout nous convie ;
   L'espoir nous soutient :
Profitons bien de la vie
   Tant que le jeu vient.

Le jeu procure à l'enfance
   Des plaisirs bien purs ;
Il présente à l'innocence
   Des résultats sûrs.
De nos grands projets nous somme
   Vains et triomphants :

Que sont les travaux des hommes
  Près des jeux d'enfants ?

Sans y mettre de malice,
  Un innocentin
Joue avec une novice
  A des jeux de main ;
Mais les deux joueurs s'arrangent
  Si bien, qu'un beau jour
Tous leurs jeux de main se changent
  En des jeux d'amour.

Mondor, au trente et quarante,
  Jouant de malheur,
Perd cent mille écus de rente
  Comme un beau joueur :
D'un joueur plein de finesse
  Il apprend trop tard
Que l'on doit jouer d'adresse
  Aux jeux de hasard.

Lorsque Comus nous rassemble
  A ses jeux si doux,
Rire, chanter, boire ensemble,
  C'est un jeu pour nous :

> La table est bien assortie,
>   Fêtons-en le dieu;
> Ne quittons pas la partie,
>   Nous avons beau jeu.
>
> Antignac.

LE SANS-SOUCI.

ou

MA PROFESSION DE FOI.

Air : *Eh! qu'est-c' qu'ça m'fait à moi.*

Un refrain dont le vulgaire
A bercé mes premiers ans
Sous mes doigts reconnaissants
Va renaître à la lumière.
  Eh! qu'est-c' qu'ça m'fait à moi
Qu'on me nomme plagiaire?
  Eh! qu'est-c' qu'ça m'fait à moi,
Quand je chante et quand je boi?

Tout refrain qui mène à boire,
N'en déplaise aux buveurs d'eau,
Paraîtra toujours nouveau,
Fût-il vieux comme l'histoire.
 Eh! qu'est-c' qu'ça m'fait à moi
Qu'un autre en ait eu la gloire?
 Eh! qu'est-c' qu'ça m'fait à moi,
Quand je chante et quand je boi?

Que l'on trouve fort étrange
Que je ne maigrisse point,
Qu'on raille mon embonpoint
Et l'appétit dont je mange...
 Eh! qu'est-c' qu'ça m'fait à moi?
C'est ma santé qui me venge;
 Eh! qu'est-c' qu'ça m'fait à moi,
Quand je chante et quand je boi?

Qu'un objet tout adorable
Me jure éternel amour,
Et me délaisse un beau jour
Pour un amant plus aimable...
 Eh! qu'est-c' qu'ça m'fait à moi?
De ses bras je passe à table;

Eh ! qu'est-c' qu'ça m'fait à moi,
Quand je chante et quand je boi ?

Qu'un savant s'épuise en veilles
Pour savoir par quel secret
Du soleil l'heureux effet
Enfante autant de merveilles...
 Eh ! qu'est-c' qu'ça m'fait à moi,
Pourvu qu'il dore mes treilles ?
 Eh ! qu'est-c' qu'ça m'fait à moi,
Quand je chante et quand je boi ?

Après mainte et mainte entrave,
Livrée au grand tribunal,
Que ma pièce au jour fatal
Éprouve un choc assez grave...
 Eh ! qu'est-c' qu'ça m'fait à moi ?
J'en ai d'autres dans ma cave ;
 Eh ! qu'est-c' qu'ça m'fait à moi,
Quand je chante et quand je boi ?

Celui-ci du vin de Beaune
Vante le goût délicat ;
Celui-là veut du muscat ;
C'est l'Aï qu'un autre prône...

Eh! qu'est-c' qu'ça m'fait à moi,
Qu'il soit rouge, ou blanc ou jaune?
Eh! qu'est-c' qu'ça m'fait à moi,
Quand je chante et quand je boi?

En wisky qu'un jour gros Pierre,
Voulant narguer les passants,
Quitte pour être dedans
La place qu'il eut derrière...
Eh! qu'est-c' qu'ça m'fait à moi,
Il la reprendra, j'espère;
Eh! qu'est-c' qu'ça m'fait à moi,
Quand je chante et quand je boi?

Qu'un journal, quand j'ose écrire
Un couplet un peu malin,
M'habille le lendemain
Comme il habille Zaïre...
Eh! qu'est-c' qu'ça m'fait à moi,
Si ma chanson vous fait rire?
Eh! qu'est-c' qu'ça m'fait à moi,
Quand je chante et quand je boi?

DÉSAUGIERS

CHANSON BACHIQUE.

Folâtrons, rions sans cesse ;
Que le vin et la tendresse
Remplissent tous nos moments !
De myrte parons nos têtes,
Et ne composons nos fêtes
Que de buveurs et d'amants.

Quand je bois, l'âme ravie,
Je ne porte point d'envie
Aux trésors du plus grand roi :
Souvent j'ai vu sous la treille
Que Thémire et ma bouteille
Etaient encor trop pour moi.

S'il faut qu'à la sombre rive
Tôt ou tard chacun arrive,
Vivons exempts de chagrin,
Et que la Parque inhumaine
Au tombeau ne nous entraîne
Qu'ivres d'amour et de vin.

LAUJON.

LA RÉCOMPENSE.

Ma Doris un jour s'egara ;
Je dis : Qu'on coure en diligence ;
A celui qui la trouvera
Je promets une récompense.

Dans les bocages d'alentour,
Vous pourrez découvrir ses traces :
Elle est brune comme l'Amour ;
Elle est faite comme les Grâces.

A peine j'achevais ces mots,
Qu'elle-même s'est approchée :
Dans le plus épais des berceaux,
Par malice elle était cachée.

Voici, dit-elle, ta Doris,
Que je remets en ta puissance :
Puis elle fit un doux souris,
Et demanda sa récompense.

LÉONARD.

ON N'EST PAS PENDU POUR ÇA.

Air : *Dans la paix et l'innocence.*

Quoiqu'on n'ait pas dans sa poche
De la corde de pendu,
On peut faire, sans reproche,
Ce qui n'est pas défendu.
Des dieux la miséricorde
Rarement nous délaissa
Eût-on mérité la corde,
On n'est pas pendu pour ça.

On siffle un nouvel ouvrage,
L'auteur ne se croit pas mort ;
Il a même le courage
De braver toujours le sort ;
Une critique bien faite
Hier en vain le tança,
L'amour-propre lui répète :
On n'est pas pendu pour ça.

CHANSONS.

On peut près d'une cruelle
Filer le parfait amour,
Être dupe d'une belle,
En duper une à son tour.
Maint époux en vain se damne
Pour un trait qui le blessa,
Qu'importe une bosse au crâne :
On n'est pas pendu pour ça.

On peut avec des roulades
Endormir son auditeur ;
On peut tuer ses malades
Et passer pour un docteur ;
Avec la sotte manie
Du fameux Sancho Pança,
On peut se croire un génie :
On n'est pas pendu pour ça.

On peut faire un gros volume,
Sans être un grand écrivain ;
On peut user de sa plume,
Sans médire du prochain.
En entrant dans la carrière,
Hélas ! si l'on commença

Par ressembler à Molière :
On n'est pas pendu pour ça.

Quand la table est bien servie
On peut s'asseoir le premier,
Y bien employer sa vie,
Et se lever le dernier.
Si pour boire à perdre haleine
Par mégarde on se versa
Du bordeaux pour du surêne :
On n'est pas pendu pour ça.

Puisqu'on peut courir la chance
Des bravos et des sifflets,
Je puis bien sans conséquence
Risquer aussi mes couplets.
Sur un sujet trop frivole
Si ma muse s'exerça,
Et si j'ai fait une école :
On n'est pas pendu pour ça.
ANTIGNAC.

LES
LOUPS NE SE MANGENT PAS.

Air : *Ce boudoir est mon Parnasse.*

Un chapon, une omelette
Se mangent sans nul danger ;
Et tout comme une mauviette,
Un bœuf se laisse manger.
Pour la table tout s'arrange
Par un utile trépas ;
Jusqu'aux agneaux tout se mange ; } *Bis.*
Les loups ne se mangent pas.

Pour de simples bagatelles,
Pour des motifs sérieux,
On voit les amants, les belles
Se manger le blanc des yeux.
L'homme transporté de rage
De l'homme fait un repas :

Quoiqu'ils aiment le carnage,
Les loups ne se mangent pas.

Si l'on en croit la satire,
Lise a voyagé beaucoup;
Elle a tout vu pour s'instruire;
Enfin elle a vu le loup.
Quand par hasard la chronique
L'interroge sur ses pas,
Sans rougir elle réplique :
Les loups ne se mangent pas.

Rarement les auteurs glissent
Sur les défauts d'un auteur;
Que de femmes se trahissent
Dans mainte affaire de cœur!
Entre eux les frères se vendent
Par des baisers de Judas :
Toujours les fripons s'entendent;
Les loups ne se mangent pas.

Prenez la vertu pour guide,
De vous les autres riront;
Soyez un agneau timide,
Et les loups vous mangeront.

Quel est donc l'avis à suivre
Pour se tirer d'embarras?
Avec les loups il faut vivre;
Les loups ne se mangent pas.

ANTIGNAC.

LE FLEUVE D'OUBLI.

AIR : *Aux soins que je prends de ma gloire.*

On nous dit qu'aux royaumes sombres
Il existe un fleuve d'oubli;
S'il est ainsi, paisibles ombres,
Dites bien aux dieux · *Grand merci.*
Votre âme n'est plus excédée
Des maux que l'on souffre ici-bas.
Jouissez, et, même en idée, } *Bis.*
Parmi nous ne revenez pas.

L'un pourrait y voir sa maîtresse
Entre les bras de son rival;
L'autre, un neveu qui dans l'ivresse
Se rit d'un oncle trop frugal;

Ces grands auteurs de petits drames
Trouveraient, au lieu d'un laurier,
Sur leur tombe force épigrammes,
Et leurs œuvres chez l'épicier.

Comme vous, dans votre Élysée,
La terre a son fleuve d'oubli ;
Heureuse d'en être arrosée
S'il n'emportait que le souci !
Malgré tes soins, ô Bienfaisance !
Mamans, malgré vos beaux discours,
L'honneur et la reconnaissance
Y font naufrage tous les jours.

Pour en boire, le sage même
Prend la coupe des mains du Temps :
Lorsque le chagrin est extrême,
C'est là le plus sûr des calmants.
Il m'a sauvé de l'esclavage
De quelques volages beautés,
J'en ai perdu jusqu'à l'image
Sans être ingrat à leurs bontés.

Le souvenir, hélas! se lie
Au regret, ainsi qu'au désir ;

Et le passé, s'il ne s'oublie,
Est le tourment de l'avenir.
Le vrai Léthé, c'est ma bouteille;
J'y noie et désirs et regrets,
Et je ne garde sous la treille
Que le souvenir des bienfaits.

   Ph. DE LA MADELAINE.

LA GRANDE
ET
LA PETITE MESURE.

Air : *A l'ombre de ce vert bocage,*
ou : *J'ai vu partout dans mes voyages.*

Philis est petite, mignonne ;
C'est ce qui m'invite à l'aimer ;
Jamais une grande personne
Ne saura si bien m'enflammer.
Le bon goût, qu'il faut toujours croire,
Me recommande chaque jour

La grande mesure pour boire,
Et la petite pour l'amour.

Une dame grande est altière,
Pleine d'orgueil et de hauteur ;
Elle regarde d'ordinaire
Chacun du haut de sa grandeur.
Pour nous épargner ce déboire,
Chers amis, prenez tour à tour
La grande mesure, etc.

Une gigantesque figure
N'est point du tout ce qu'il me faut :
Je suis de moyenne stature,
Et ne puis atteindre bien haut ;
Par ce motif il est notoire
Que je dois prendre tour à tour
La grande mesure, etc.

Souvent dans la tendre carrière
L'on voit broncher un corps trop grand ;
La taille petite et légère
Fait le chemin en se jouant :
Daignez donc à la fin m'en croire,

Et que chacun prenne à son tour
La grande mesure, etc.

Bien loin d'écouter l'inconstance,
Tant que sur terre on me verra,
Je penserai comme je pense;
Jamais mon goût ne changera :
J'aurai toujours dans la mémoire
Ce que je conseille en ce jour,
La grande mesure pour boire,
Et la petite pour l'amour.

PANARD.

A ÉGLÉ.

Air : *Dieu, qu'elle est belle!*

Tes yeux promettent le bonheur,
   Confirme leur langage;
Va, le plaisir vaut bien l'honneur
   D'être fière et sauvage :

Quand l'amant n'est point trompeur,
Son triomphe est un hommage.

Sous l'aile du tendre Zéphir
   Vois cette rose éclore;
Vois son incarnat s'embellir
   Des baisers de l'Aurore.
Jeune Églé, c'est le plaisir
   Qui l'anime et la colore.

Combien de fois ai-je chanté
   L'objet de mes alarmes!
Mais célèbre-t-on la beauté
   En répandant des larmes?
Ce n'est que la Volupté
   Qui pourrait peindre tes charmes.

Amour, prends soin de mon destin.
   Rends Eglé moins cruelle;
Laisse-moi mourir sur son sein,
   Et renaître pour elle;
C'est là que je veux enfin
   M'écrier: Dieux! qu'elle est belle!

                        DORAT.

LA MÈRE BONTEMPS.

Air connu.

La mère Bontemps
S'en allait disant aux fillettes :
　Dansez, mes enfants,
Tandis que vous êtes jeunettes ;
　La fleur de gaîté
　Ne croît point l'été :
Née au printemps comme la rose,
Cueillez-la dès qu'elle est éclose :
　Dansez à quinze ans,
　　Plus tard, il n'est plus temps.

　A vingt ans, mon cœur
Crut l'amour un dieu plein de charmes ;
　Ce petit trompeur
M'a fait répandre bien des larmes :
　Il est exigeant,
　Boudeur et changeant ;
Fille qu'il tient sous son empire,
Fuit le monde, rêve et soupire.
　Dansez à quinze ans,
　　Plus tard il n'est plus temps.

　　　　Les jeux et les ris
　　　Dansèrent à mon mariage;
　　　　Mais bientôt j'appris
　　Qu'il est d'autres soins en ménage :
　　　　Mon mari grondait,
　　　　Mon enfant criait.
　　Moi, ne sachant auquel entendre,
　　Sous l'ormeau pouvais-je me rendre?
　　　　Dansez à quinze ans,
　　　Plus tard, il n'est plus temps.

　　　　L'instant arriva
　　Où ma fille me fit grand'mère.
　　　　Quand on en est là,
　　Danser n'intéresse plus guère :
　　　　On tousse en parlant,
　　　　On marche en tremblant;
　　Au lieu de sauter la gavotte,
　　Dans un grand fauteuil on radote.
　　　　Dansez à quinze ans,
　　　Plus tard, il n'est plus temps.

　　　　Voyez les amours
　　Jouer encor près de Louise.
　　　　Elle plaît toujours,
　　Au bal elle serait de mise;

Comme moi pourtant,
Sans cesse on l'entend
Dire et redire à ses fillettes,
Si gentilles, si joliettes :
« Dansez à quinze ans,
Plus tard, il n'est plus temps. »

PH. DE LA MADELAINE.

ON COMPTERAIT LES DIAMANTS.

On compterait les diamants
Qui sont à la voûte azurée,
Plutôt que tous les agréments
Dont ma Zélime fut comblée.
J'ai vu se lever le soleil,
J'ai vu se lever ma bergère :
Ses yeux ont un éclat pareil,
Son front jette autant de lumière.

Ses lèvres, trône de son cœur
Et de son âme délicate,
Ont de la rose la fraîcheur,
Et la couleur de l'écarlate.
Sa bouche, au tour voluptueux,
De thym, d'œillet toujours remplie,

Semble la source, où les dieux
Ont le nectar et l'ambroisie.

Aux riches perles d'Orient
Ses dents disputent la victoire :
Ses cheveux bruns, sur son col blanc,
Sont de l'ébène et de l'ivoire.
Deux fraises du plus beau vermeil,
Sur son beau sein qu'Amour protége
Ont mûri sans voir le soleil
Et brûlent sur deux tas de neige.

Qu'elle danse en nos champs, l'été,
Ses pas ne font aucunes traces.
Junon a moins de majesté,
Et Vénus n'a pas tant de grâces.
Le soir, qu'elle vienne à chanter,
Rival d'une voix aussi tendre,
Le rossignol vient l'écouter,
Et n'ose plus se faire entendre.

Ajoutez qu'un aussi beau corps
Loge un esprit fin et sublime :
Non, l'Arabie et ses trésors
N'ont rien qui vaille ma Zélime.
Un seul reproche je lui fais,

C'est d'ignorer trop sa figure :
Ah ! négliger autant d'attraits,
C'est être ingrate à la nature.

L'AVARICIEUSE.

Philis, plus avare que tendre,
Ne gagnant rien à refuser,
Un jour exigea de Sylvandre
Trente moutons pour un baiser.

Le lendemain, nouvelle affaire :
Pour le berger le troc fut bon ;
Car il obtint de la bergère
Trente baisers pour un mouton.

Le lendemain, Philis, plus tendre,
Craignant de déplaire au berger,
Fut trop heureuse de lui rendre
Trente moutons pour un baiser.

Le lendemain, Philis, peu sage,
Aurait donné moutons et chien
Pour un baiser que le volage
A Lisette donnait pour rien.

DUFRESNY.

LE VIEIL ÉPICURIEN.

Air : *Le lon, lan la.*

« Allons, septuagénaire,
« Descends, me dit Atropos;
« Eh! laissez-moi sur la terre,
« J'y goûte un si doux repos;
« Filez, filez, la vieille mère;
   « Lâchez un cran;
   « Encore un an! »

L'année à peine écoulée,
La parque, avec ses ciseaux...
Mais, formant une mêlée
De ses nombreux écheveaux,
Je prends sa main noircie et pelée,
   Qui lâche un cran;...
   Encore un an!

« Peux-tu tenir à la vie,
« Courbé sous des cheveux blancs? »
« Près d'une femme jolie
« Je me crois à mon printemps;
« Ah! laissez-moi ma rêverie!

« Lâchez un cran ;
« Encore un an ! »

« Tu n'es plus rien sur la terre. »
« Je suis enfant du caveau ;
« J'y chante, en vidant mon verre,
« Vieux tenson, refrain nouveau ;
« Quelquefois même j'ose en faire...
« Lâchez un cran ;
« Encore un an ! »

« Peux-tu croire qu'à ton âge
« On gravisse l'Hélicon ? »
« Qui, moi ? je reste à l'ombrage
« Qu'on trouve au bas du vallon.
« J'y suis à l'abri de l'orage ;
« Lâchez un cran ;
« Encore un an ! »

« Tu n'écris que des vétilles ;
« File, allons, vieux radoteur ! »
« Voyez donc ces jeunes filles
« Sourire à leur vieux conteur ;
« Encore un an, mais sans béquilles,
« Lâchez un cran ;
« Encore un an ! »

« C'est lasser ma patience ;
« Allons, il faut déguerpir... »
« D'un remords de conscience,
« Je voudrais bien m'affranchir ;
« Laissez-moi faire pénitence !
   « Lâchez un cran ;
   « Encore un an ! »

« L'Éternel te fera grâce :
« Aux cieux monte, mon ami ! »
« J'ignore ce qui s'y passe ;
« Et je suis si bien ici ;
« J'y tiens, hélas ! si peu de place...
   « Lâchez un cran ;
   « Encore un an ! »

« Deviens donc octogénaire :
« Alors tu seras content. »
« Quand je serais centenaire,
« Je dirais en chevrotant :
« Fi... fi... filez, la... la... vieille mère !
   « Lâ... lâchez un... cran ;
   « En... en... encore un an ! »

FIN.

TABLE

	Pages
Les Misères de l'Amour	1
Le Réveil-matin	2
V'là-t-il pas que je l'aime	4
Boutade à ma Maîtresse	7
Le Miroir	8
Adieu à l'Amour	9
Vaudeville	10
Vaudeville	13
Le Bégayeur	15
Chanson	18
Chanson	20
Chanson	24
Quelque chose de nouveau	27
Maximes de Silène	29
Le Prix du moment	31
Les Vendanges de la Folie	32

TABLE.

	Pages
Branle à danser	34
Complainte d'une Femme à sentiments.	36
La grande Parleuse	38
Le Péché de paresse	40
Les Bizarreries de l'Amour	42
Couplets du Jaloux corrigé	44
La petite Obstinée	45
La Cinquantaine	47
L'Hirondelle	49
Les Trois Plaisirs de la vie	51
Ma Philosophie	52
La jolie Boudeuse	53
L'Heureux convive	55
Portrait d'une Maîtresse désirée	57
V'là c'que c'est d'aller au bois	58
Les Rois	60
La Fille comme il y en a peu	62
Vaudeville de table	64
La Dormeuse	66
Buvons encore	68
Lisette et le Vin	70
La Vie	72
Bonsoir, la compagnie	74
La bonne Aventure	76

TABLE.

	Pages
Colinette	78
Les Vendanges	81
La Petite Jeanneton	82
Crois-moi, plante de la vigne	84
Le Vin	86
Les Statues animées	89
Le jeune Page	91
A boire, à boire, à boire!	93
C'est le bon vin	96
Les Vendanges de Cythère	98
La Chasse	100
La Forêt noire	102
Chantons, buvons	104
Rien n'était si joli qu'Adèle	106
Comment tout va	108
Éloge de l'eau	111
Versez toujours	113
Le Grimacier, ou la Nouvelle Bourbonnaise	116
Éloge de l'herbette	120
La Chanson à boire	122
Plaintes d'une Amante abandonnée	125
Philosophie d'un sexagénaire	128
Fanchon	129

	Pages
Ah! vous dirai-je, maman............	131
La Barque à Caron................	133
Les Amourettes...................	134
Les Souhaits.....................	135
La Gasconne.....................	137
La Fête des bonnes gens...........	140
La Marmotte en vie...............	142
Ah! le bel oiseau, maman..........	146
Le Buveur savant.................	148
Je m'en moque comme de Colin-Tampon.	151
Moralité........................	154
Le Code épicurien................	156
L'Original sans copie..............	161
L'Homme content de tout, ou l'Optimiste.	165
Le printemps....................	168
Jouissons du temps présent.........	172
Savoir borner ses vœux............	174
Le Pour et le Contre..............	177
Plus de politique.................	183
L'Épicurien entre deux âges........	186
Les Inconvénients de la fortune......	189
Les bons Amis...................	192
La Treille de sincérité.............	195
Ma Philosophie..................	198

TABLE.

	Pages
La Mère Godichon	200
Le Vin et la Vérité	205
L'Ivresse	206
La Sonnette	208
La Cave	212
L'Invocation à Bacchus	214
Trinquons	217
Les Jeux	220
Le Sans-Souci	222
Chanson bachique	226
La Récompense	227
On n'est pas pendu pour ça	228
Les Loups ne se mangent pas	231
Le Fleuve d'oubli	233
La Grande et la Petite mesure	235
A Églé	237
Les Roses et les Épines	239
A mes Voisines	241
Le Vieil Épicurien	244

---

mprimé par Charles Noblet, 18, rue Soufflot

www.ingramcontent.com/pod-product-compliance
Lightning Source LLC
Chambersburg PA
CBHW070632170426
43200CB00010B/1996